U0542068

中国现当代
诗人传记
史料问题研究

张立群　著

社会科学文献出版社
SOCIAL SCIENCES ACADEMIC PRESS (CHINA)

教育部 2016 年度规划基金项目（16YJA751032）结项成果

中国博士后科学基金第 10 批特别基金（2017T100694）资助

目　录

导　论

一　范畴的界定：从"传记"到
"现当代诗人传记"

为了全面了解本书的研究对象，我们选择从"传记"概念谈起。在此过程中，分别论及"传记"的起源、"传"和"传记文学"的区别以及"传记"的本质属性问题，并最终确定现当代诗人传记的范畴。

（一）"传记"的概念

何谓传记？这个在历史中逐步形成且颇具争议性的概念，由于时代、语言环境等背景条件的不同，一直有不同的理解。如梁启超认为是"记个人之言论行事及性格"。[①] 当代学者朱文华在对照中英传记词义后，认为"以文体文章角度论，传记（biography）就是指反映或记述个人生平活动事迹的著作"[②]。但无论有多少种概括，"传记

---

① 梁启超：《作文教学法》（1922），载《饮冰室合集9》（专集之七十），中华书局，1989，第6页。

② 朱文华：《传记通论》，复旦大学出版社，1993，第4页。

是某一个人物的生平的记录"①，是揭示其本质、具有共识性的内容，因此，可作为表述"传记"的基本概念。随着 20 世纪 80 年代我国传记类图书出版的日趋繁荣，传记逐渐成为一个研究对象，吸引越来越多的研究者加入其中，人们不难发现：具体意义上的"传记"还是一种文类、一个研究对象，因此，又可作为一个文体概念和学科门类。这种现象反映了"传记"概念本身具有多层次、多结构的特点，但这些具有生长性和演绎性的特质，都是从其基本概念中生发出来的。

　　鉴于在日常阅读与接受过程中，人们常常会遇到与"传记"密切相关的"传"和"传记文学"。本书在扼要概括"何谓传记"之后，结合实际情况，采取溯源的方式，对三者进行区分，进而以此深化"传记"的概念并为现当代诗人传记认知提供具体的理论依据。首先，与"传记"和"传记文学"相比，"传"是应用范围最广同时历史又最为悠久的命名。"传"是中国传记著述的通用称谓，出现时间较早又取得突出成就、产生广泛影响的可上溯至汉代司马迁的《史记》。《史记》中"本纪""世家""列传"中的很多篇章今天都可以作为生动的人物故事和人物传记加以阅读。"传"应用至今，与古代汉语单音字可以独立表意有关。"传"虽很早就呈现后来传记一词的含义②，但无论就其自身意义的变迁，还是逐渐演变为记载一个人生命历程的文体，都经历了漫长的过程。"'传''传记'的含义直至清代前还具有含混性，并非专指今天所说的传记文学。在古代，

---

① 关于"传记"的概念，古今中外的许多研究者都曾下过定义，综合这些观点，本书主要以杨正润《现代传记学》（南京大学出版社，2009，第 19 页）中具有普遍意义的观点为代表。

② 如王成军在《传记文学考释》一文中结合考证认为："记一人之始终的传字含义，还应上溯，至迟不晚于战国时期。《世本》中就已经有'传'体。"（王成军：《中西传记诗学研究》，北京出版社，2011，第 5 页）

'传''传记'都可当作对经书的解释，即指解经的文字，而现在，'传''传记'一般都指记述人物生平经历的文字。'传记文学'则是在 20 世纪出现的。"① 正如翻阅东汉许慎的《说文解字》，人们会看到"传，遽也"②（指驿站的马车）的解释；翻阅《古代汉语词典》，人们会看到"传"字有 3 种读音、12 种解释，而"文体"意义上的"传"只是其中之一"书传，文字记载"的引申义③。以《史记》为代表的"传"及其在阅读过程中的习惯性理解，客观上说明中国古代的"传"是在历史记录的过程中衍生的。"史传合一"即"中国的史学是以人物传记为重心""把传记当历史来写"④ 是中国古代传记的重要特征，这一特征决定古代的"传"只能隶属于历史学科的范畴。"传"是中国古代史书特别是纪传体史书的重要组成部分，是后人考察前代历史的重要文献和参考依据。中国古代形成的"传"传统对后世的传记书写产生了重要影响，今人仍习惯于使用"人名＋传"的形式为传记命名，并由此产生多部由不同著者书写的如"郭沫若传""徐志摩传""艾青传"等传记作品，其实已证明了中国古代传记传统的强大生命力。此时，"传"与"传记"基本没有意义上的区别、理解上的歧义。

与"传"相类，"传记"一词也是古已有之。杨正润在其《现代传记学》中就曾有"同'传'相关的'传记'一词最早在汉代出现，但在不同的典籍中，其用法也很杂乱"⑤ 的论断。古代典籍中出

① 陈兰村主编《中国传记文学发展史》，语文出版社，1999，第 3 页。
② 许慎：《说文解字》，中华书局，2013，第 163 页。
③ 《古代汉语词典》编写组《古代汉语词典》，商务印书馆，1998，第 227 页。
④ 王成军：《中西传记诗学研究》，北京出版社，2011，第 154 页。
⑤ 杨正润：《现代传记学》，南京大学出版社，2009，第 20 页。

现的"传记"虽有时与今天的概念相近，但在更多时候，"传"和"记"是分开的："传"写人，"记"写事，充分表达了古代汉语传达意义的特点。值得注意的是，如果从"传"和"记"的集合可以表示记载一个人生平事迹的文字或文章、文体的角度来看，此时的"传记"已触及史学和文学两个范畴，或至少隐含着这样的要素，并因此具有初步的体裁意义。当然，作为一个渐变的过程，"传记"古今意义的嬗变还是有很多内容可以探究。以近现代第一位给予传记极大关注的跨时代学人梁启超为例，他在为他人多次立传时用"传"、依据史学传统，而在谈及外国作品时，则常用"传记"一词，并指出"在现代欧美史学界，历史和传记分科"①，就很能说明"传记"含义在演变时，一直有多重标准和介入角度，且可以同时存在于认知的过程之中。

通过对"传""传记"含义的历史考察，结合 20 世纪以来我国传记发展的实际，不难发现：对于"传"和"传记"来说，存在一个与现代文学一样的现代性问题或曰现代化的进程。传统意义上的"传"和"传记"与中国文学在 20 世纪经历了现代转型，其结果是诞生了现代传记这一新的写作形态。现代传记在具体呈现时虽仍沿用"人名＋传"的形式，但就写法、篇幅和文本属性等来看，与古代的"传"差别甚大；同样，在现代阶段，"传记"在使用时已转化为一个词，不再分开取义。现代传记具有现代性的特征、呈现持续现代化的趋势，就其时代、文化、观念等来说与社会转型有关，就写作资源来说与接受西方传记书写经验有关。从文学创作的角度而言，现代传记与新文学结伴同行、是新文学的重要收获之一，胡

---

① 梁启超：《中国历史研究法补编》（1926—1927），载《饮冰室合集12》（专集之九十九），中华书局，1989，第 29 页。

适、郁达夫等一批早期传记实践者都曾在不同程度上探讨过"什么是传记"及与其命名相关的问题。从这个意义上说，"传记"可以作为一个融合古今中外文化资源和写作经验生成的晚近的概念。事实上，我们今天谈论的"传记"，由于所处时代的不同，主要指在现代社会诞生的、使用现代汉语书写的、符合现代人阅读习惯的现代传记，或至少从观念上说是以这种方式认知的。

与"传"和"传记"相比，"传记文学"概念的产生不仅有鲜明的现代特征，而且独具本土特色。作为一个流行的观点，学界一般多将胡适于 1914 年 9 月 23 日留美期间的一则日记作为"传记文学"[①] 最早出场的时间，胡适也因此成为中国第一个提出"传记文学"的人。不过，由于胡适日记中通篇没有提"传记文学"一词，且该日记中的"传记文学"条目是编者后加上的，所以，胡适是不是我国最早使用"传记文学"概念的人，还需做进一步考证。[②]

---

① 关于胡适的"传记文学"日记，本书依据曹伯言整理《胡适日记全编1》（1910—1914）（安徽教育出版社，2001，第 491 ~ 493 页）。

② 关于胡适提出"传记文学"一词的时间考证，可参见卞兆明的文章《胡适最早使用"传记文学"名称的时间定位》（《苏州大学学报》2002 年第 4 期）。在该文中，作者通过考证认为：胡适早年留美期间写的《藏晖室札记》（内有"胡适日记"）原本并无分条题目，所谓"传记文学"这一条目是胡适的朋友、曾任上海亚东图书馆编辑的章希吕在 1934 年 1 月 5 日至 7 月 7 日帮助胡适抄写整理书稿时加上的。此外，该文还在考证之余，结合今人的观点加以引申：

　　如果认为"传记、传记文学这两个词的涵义是相同的"话、那么"我国最早使用'传记文学'概念的人"就不是胡适，"提倡最力与影响最大者"也不属于胡适（注：引文为朱文华《传记通论》中的观点）……因此笔者认为，胡适在 1914 年并没有使用"传记文学"一词，9 月 23 日的札记谈论的也只是"传记"而不是"传记文学"，直到 1930 年胡适在《〈书舶庸谭〉序》中才正式开始使用"传记文学"名称。继胡适之后，郁达夫在 1933 年 9 月 4 日《申报·自由谈》上发表随笔《传记文学》，又在 1935 年写过《什么是传记文学》一文……从此以后，我国传记文学才名副其实地进入了一个新的历史发展时期。

但从胡适 1930 年 6 月开始为自己写自传，后在结集为《四十自述》的"自序"中提到这"只是我的'传记热'的一个小小的表现"① 以及到处劝自己的老朋友们写自传，后在 1953 年 1 月 12 日台湾省立师范学院的讲演中，仍以"传记文学"为题，并开宗明义指出"今天我想讲讲中国最缺乏的一类文学——传记文学"② 的倡导及实践来看，胡适对"传记文学"概念的传播确实起到了不可替代的作用。与胡适相呼应，郁达夫曾分别于 1933 年、1935 年发表《传记文学》和《什么是传记文学》两篇文章，倡导"有一种新的解放的传记文学出现"，来代替"刻板的旧式的行传之类"③。结合胡适、郁达夫文章中的说法，我们大致可以看到两点。其一，两位倡导者都提倡"传记文学"，但在具体行文中"传记"与"传记文学"的概念常常互换，这种情况反映了"传记"与"传记文学"在最初使用时的一致性。时至今日，一些关于传记文学研究的专著中，"传记"与"传记文学"两个概念常常因汉语使用习惯的原因而被认为内涵是相同的、没有区别，也属于这种思路的延续。其二，两位倡导者在提倡"传记文学"的过程中，明显受到了西方传记写作经验的影响。汲取外来文化资源、求新求变，本是任何一种文学样式实现现

---

① 胡适：《〈四十自述〉自序》，载耿云志、李国彤编《胡适传记作品全编》（第一卷上册），东方出版中心，2002，第 2 页。

② 胡适：《传记文学》（1953 年 1 月 12 日台湾讲演），载耿云志、李国彤编《胡适传记作品全编》（第四卷），东方出版中心，2002，第 242 页。

③ 郁达夫：《什么是传记文学？》，载郑振铎、傅东华编《文学百题》（《文学》二周年纪念特辑），1935 年 7 月上海生活书店出版，第 240～241 页。文末标明写作时间为"1935 年 5 月"。收入《郁达夫全集》"第十一卷 文论（下）"（浙江大学出版社，2007，第 214 页）时，题名为《什么是传记文学》。

代转型的必经之途，但现代转型毕竟是在业已形成的传统内部展开的，它必然要受到传统的影响并在书写、阅读过程中适度部分保留固有的传统，而就其结果来看，则是催生了"传记文学"这一新的概念。

谈及现代传记受西方传记写作的影响和"传记文学"概念的诞生，不能忽视以下两点：其一是东西方传记传统的差异，其二是"传记文学"概念本身的独特性。按照《现代传记学》中的介绍，像中国古代一样，西方在很长一段时间内也将传记理解为历史学的一种，"从19世纪末期开始，人们对传记的认识发生了变化。在这个世纪，西方历史学有了很大的发展，历史学理论蓬勃兴起，越来越多的学者发现传记同历史学有原则的区别，不能把两者混为一谈，他们开始把传记从历史学分离出来，把它归入文学。……传记被归入文学的范畴，具有标志性意义的是英国《牛津字典》对'传记'的定义。有大批专家参加，经过长达70年的筹备和艰巨的编撰工作，《牛津字典》初版于1928年，这是英语世界权威的工具书，其中把传记界定为——作为文学分支的个别人的生平的历史"[①]。传记隶属范畴在西方的演变，与传记写作内在机制的演变、学科分工与重组和心理学的发展为传记写作提供了新的资源等有关。中国现代传记诞生于这一阶段，结合梁启超、胡适、郁达夫等谈及西方传记并将其作为参照系的情况来看，中国现代传记写作理论在其初创阶段正是接受了这种已经划入文学范畴的西方传记观念的影响，进而形成了与中国古代传记观念不同的现代传记主张，诞生了"传记文学"的概念。而作为一个大背景，新文学的诞生本身就呈现对古代

---

① 杨正润：《现代传记学》，南京大学出版社，2009，第21~22页。

文学的"反叛"，也可以作为现代传记有意区别古代传记、提出新概念的重要原因之一。

与从中西传记传统的差异看待现代传记诞生相比，汉语"传记文学"一词本身也是一个颇具独特性的提法。如王成军在考释"传记文学"的概念时曾指出："在英语中，并没有一个与中国'传'字相吻合的单词，而只有'biography'，译为'传记'。""考察西方传记史我们会发现，西方似乎并无 biographical literature（传记文学）这种拼法……因此，'biographical literature'正确译法应为'传记'，以与中国汉语中的'传记'相统一。"王成军还以"正是为了避免传记类作品互相混杂的弊端，以确保'艺术地记载某人实际人生的生平事迹'的'传记文学'的独立性"来推究胡适将"biographical literature"译为"传记文学"的"旨意"。① 依据王成军的考证，我们不难看出"传记文学"的诞生，有明显的矫枉过正和强化"传记"文学属性的倾向，从这个意义上说，"传记文学"也自然而然在组接、打造的过程中成为一个具有中国特色的文体命名。

在探讨"传"、"传记"和"传记文学"关系的相关论述中，王成军的《传记文学考释》一文值得关注。该文通过对东西方"传""传记""传记文学"进行历史考释，得出如下结论：

> 传记文学不妨定义为：艺术地叙写真实人物生命旅程的文学形式。以示其与诸多传记作品的区别。……（一）"传"字是中国传记文学的起始名称。由于古汉语单音词可以单独表意，传记文学可以标之为"××传"，至今仍通行。（二）"传记"

---

① 王成军：《传记文学考释》，载王成军《中西传记诗学研究》，北京出版社，2011，第5、11、12页。

名称，是个种概念。"传记文学"也可称为"传记"，如"传记文学家"往往简称"传记作家"。（三）"传记文学"是一个具有中国特色的文体名称，专指"艺术地叙写真实人物生命旅程的文学样式"。①

王成军从东西方传记文学史演变的角度对"传""传记""传记文学"进行历史探源，进而分析三者，并着重区分"传记"与"传记文学"的范围、确定"传记文学"文体的独特性，为人们从时代性、文学性的角度理解和认知"传""传记""传记文学"提供了启示，有着积极并富有开拓性的意义。

与王成军的观点基本一致的，是浙江师范大学陈兰村在其主编的《中国传记文学发展史》一书之"绪论"阐述"传记文学的界定及其基本特征"时，结合王成军《传记文学考释》一文的观点，对"传""传记""传记文学"予以区分并对其"疏漏"之处进行了适度修正："'传记'名称是一个属概念，其本身能够包括文学和史学两个范畴的作品，它是记录真实人物生平文体的总名称。'传记文学'则是其中的一种。'传记'与'传记文学'是属与种的关系，'传记文学'是隶属于'传记'中的概念。'传记文学'也可称为'传记'。'传记文学作品'当然也可称'传记作品'。'传记文学作家'也可称'传记作家'。"在此前提下，陈兰村通过分析传记文学的基本特征对传记文学加以定义："传记文学的基本特征，应具有真

---

① 王成军：《传记文学考释》，《北京师范大学学报》1995 年增刊。后收入王成军《中西传记诗学研究》，北京出版社，2011。本书引用《中西传记诗学研究》的内容，见该书第 13 页，其中"是个种概念"的"种"有误，应为"属"字。

实性、再现传主生平的相对完整性和着意表现其个性，并具有艺术性。这三条基本特征是互相联系的，失去其中一条就丧失了它的基本特征。根据这三条基本特征，可以给传记文学下定义为：它是艺术地再现真实人物生平及个性的一种文学样式。"① 2012 年 9 月，陈兰村在语文出版社出版了《中国传记文学发展史》"修订本"，其"绪论"的相关部分未做修改，这表明经过了十余载的检验，著者仍秉持之前的观点。

在列举以往关于"传""传记""传记文学"的种种看法之后，可以大致得出如下结论。单字"传"本身具有意义，"传"在古今意义演变的过程中经历了古代和现代两个主要阶段，在现代汉语使用中，"传"与"传记"基本一致。对于"传记"，本书在强调其基本概念和现代含义的同时，认为"传记"至少应当存在整体和具体两种认知方式，而从文体特别是学科角度认知"传记"又为其带来理论的品格和学术的活力。对于"传记文学"，本书认同王成军在《传记文学考释》一文中得出的结论。"传记"和"传记文学"二者按照逻辑关系区分是属种关系。传记和传记文学是属种关系，即"传记"包括"传记文学"，"传记文学"隶属于"传记"，两者关系好像"文学"与"小说"的关系，将"传记文学"称为"传记"没有任何问题，但将"传记"全部理解为"传记文学"则存在逻辑上的问题，毕竟，"传记"在具体展开时还包含如"评传""年谱"

---

① 陈兰村主编《中国传记文学发展史》，语文出版社，1999，"绪论"第 3~5 页。之所以称其对王成军文章"疏漏"之处给予修正，是因为王文将"传记"作为一个"种概念"，不符合实际情况。"传记"应当是陈兰村所说的"属概念"，而"传记文学"是一个"种概念"，只有这样，"传记"才能包括"传记文学"。

"回忆录""口述史""日记"等很多写作类型，它们的属性也各不相同。除此之外，无论是"传记"还是"传记文学"，在确定其概念及属性时还需强调其时代性、可变性和具体分析时的实践性三方面特性。至于其原因则在于以下三个方面。第一，"传记"不仅存有古今之异，而且即使在现代语境下仍在不同年代存有理解上的差异，因而需要强调其时代性。第二，"传记"概念处于不断变动的状态，这一点在其进入网络时代之后变得更为明显。从近年传记生产的情况来看，传记早已突破传统的纸媒文字的界限，呈现影视化、图像化等多元化的"出版"形式。传记生产不断处于变化之中使之成为一个流动、发展的概念，需要人们从可变性的角度去认知。第三，与上述两者相一致的，是传记在认知过程中需要具体对象具体分析，正如同为一个传主的传记却存有多种表现形式和多个属性，每一个具体的传记文本究竟应当如何区分其类别，只有通过实践才能解决，实践性及其维度是认知每一部传记的起点与终点。

（二）"传记"的属性

之所以在分析"传记"的概念之后，还要阐释其属性，是因为传记的属性涉及传记的学科归属，并与本书即将探讨的史料问题关系密切。与"传记"的概念相比，传记的属性更富有争议性。以当代较早涉足传记研究领域的复旦大学朱文华的研究为例，他于1993年出版的《传记通论》一书中，曾结合"我国现代学术界的情况"和使用"传记作品"一词对传记的本质属性提出四种"意见"，即"一是历史属性说""二是文史分离说""三是文史结合说""四是文学属性说"，并补充"值得指出的是，传记作品的文学属性说似乎被更多的中国学者所接受。在这里，关键原因在于引入了西洋'近代传记'的概念"①。之后，朱文华综合了以上的"分析论述"，得出六点"明确的结论"。其"结论"就逻辑分析角度来说主要分两个层次，其中前三点"结论"充分表达了朱文华对于"传记"及其相关概念的理解，而后三点"结论"只是进一步的补充，故此本书将其前三点"结论"列举如下：

第一，尽管传记作品在内容形式方面与史学著作和文学作品有所联系，但是，它却有相对的独立性，因而是一个文体文章学上的大概念。

第二，传记、传记文学这两个词的涵义是相同的，为了在中国学术界避免汉语"传记文学"一词可能产生的语义歧异，以统称传记作品为宜。

第三，鉴于传记作品的处理对象即载荷内容，从根本来说，属于历史学的课题，因而这种内容上的特殊性和限定性，决定了传记作品的本质属性应当也只能归入史学范畴，而不应划为文学范畴。因为属于文学范畴的文体，其载荷内容是不会有任何限定性的。②

---

① 朱文华：《传记通论》，复旦大学出版社，1993，第 7~8 页。鉴于朱文华在列举四种主要"意见"时都举出了主张此说的代表人物或观点，而这些人物和观点既与他最后的结论形成对照，又对人们认识传记的本质属性有重要的参考价值，本书择其要点。如列举"历史属性说"时，朱文华列举了梁启超和孙犁等代表人物的观点；列举"文史分离说"时，朱文华以"这种意见以《辞海》（1979 年版）为代表，该书认为传记有两大类：（一）'史传或一般纪传文字'，以记述翔实的史实为主；（二）'属于文学范围，多用形象化方法，描写各种著名的人物的生活经历、精神面貌及其历史背景'"为依据；列举"文学属性说"时，朱文华主要以朱东润的观点为代表。

② 朱文华：《传记通论》，复旦大学出版社，1993，第 14 页。

朱文华强调"传记作品"相对的独立性，主张使用"传记作品"的概念替代易于混淆的"传记"和"传记文学"，且态度鲜明地阐释传记"历史属性说"的看法，一方面显示其受传统传记观的深刻影响，另一方面则显示其作为传记研究重要理论家的基本素养，并与其作为传记作家的身份不无关系。① 他从文体和文章学的角度理解传记并以"命名"和"重释"的方式提出"传记作品"的概念，凸显其理论研究与实践相结合的特点。

在 2004 年 8 月出版的《中国当代传记文学概观》一书中，著者全展（当时任教于荆门职业技术学院，后更名为荆楚理工学院）在谈及传记文学的属性时，列举了"（1）史学说""（2）文学说""（3）边缘学科说或文史结合说"三种看法及其代表人物，并由此引申道："1990 年代以降，越来越多的人倾向于后两种说法。认为传记文学不属于历史学，但同历史学又有极为密切的联系。它源于历史又高于历史。传记文学不是历史与文学的简单相加，而是两者融合而成的一种独特的文学样式，它应该从历史中找出对现在社会有启发意义、有影响的人物进行文学化的挖掘，其中优秀的作品应该达到科学和艺术的统一。"②

与上述关于"传记"和"传记文学"属性的述析相比，多年任教于南京大学的杨正润（后调入上海交通大学）在 2009 年出版的

---

① 指朱文华作为传记写作者著有《胡适评传》（1988）、《鲁迅胡适郭沫若连环比较评传》（1991）、《郑振铎评传》（合著，1992）、《终身的反对派——陈独秀评传》（1997），等等。

② 全展：《中国当代传记文学概观》，黑龙江人民出版社，2004，第 250～251 页。其中，关于"史学说"，全展主要以孙犁、朱文华为代表；关于"文学说"，全展主要以朱东润、李祥年为代表，关于"边缘学科说或文史结合说"，全展主要列举了陈廷祐、路宝君和郭久麟的观点。

《现代传记学》一书中，对"传记的本质"采取了立体化、多角度的认知方式：

> 什么是传记？这是一个在历史中逐步形成而且至今争议甚多的概念。大体上可以说，传记是某一个人物的生平的记录；从其文类考察，传记同历史学和文学都有相通之处，但又各有原则的区别；从其属性考察，传记是一种文化形态的体现；从其发生考察，传记是对一个人的纪念。从这些方面入手，可以获知传记的本质。[①]

杨正润从区别中找到独立性，特别是将"传记"作为"一种文化"，确然为对传记本质的认知开辟了新的探索空间。在具体阐释过程中，杨正润主要围绕"1. 文化的产品""2. 时代精神的表征""3. 文化传统的载体""4. 当代文化语境中的传记"[②] 四方面来论证"传记：一种文化"这一命题，拓展了"传记"的认知边界，使人们对"传记"的内涵有了更为深入的认识。

通过以上的列举，我们可以较为清楚地看到："传记"的属性随着时代发展，处于不断变化的状态。它的时代性和可变性既反映了"传"与"传记"古今之异，又包括"传记"与"传记文学"范围与边界的不同。不同时代、不同学者对于"传记"概念及其属性的认识都离不开特定的历史背景，且都对"传记"及"传记文学"的属性提出了具有建设性的观点，即笼统而言，"传"、"传记"和"传记文学"可以具有同样的本质属性，而从区分的角度，"传记"

---

① 杨正润：《现代传记学》，南京大学出版社，2009，第19页。

② 杨正润：《现代传记学》，第57～72页。

可以列入史学范畴，"传记文学"可列入文学范畴，等等。"传记"需要在不断历史化和以结合当前实绩的方式确证自身，这种涉及传记所处时空状态和自身流动性的认知逻辑，不仅需要我们重视传记本身业已形成的传统，而且需要运用发展的眼光，结合传记的创作实际理解传记的本质，从而分析问题。

（三）"现当代诗人传记"的范畴及其特殊性

明确"传记"的概念和本质属性之后，本书所言的现当代诗人传记的范畴也得到确认："现当代诗人传记"是以中国现当代诗人为写作对象（传主）的传记。结论虽然如此简单，但在具体展开的过程中还有许多问题需要明确。其一，从时间上看，"现当代诗人传记"之"现当代"取意于不断现代化、等同于"新文学以来""现代文学以来"或曰"20世纪以来"，即涵盖了文学史通常所述的"现代"（1917～1949年）和"当代"（1949年新中国成立以来）两个时段。这一范围的确定主要与现当代诗人传记写作的实际情况有关。现当代诗人传记在"现代"阶段成书少、多为当代人书写且呈现持续发展的态势；现当代诗人虽很多生于并成名于"现代"，但其在新中国成立之后仍在创作，其传记在展现诗人生命历程时也贯穿于"现代"与"当代"，是我们确定使用"现当代"的前提。"现当代"在这里是一个既关乎传主生平又关乎传记写作的时间概念。其二，从空间上看，"现当代诗人传记"涵盖国外学者、国内学者（包括港澳台学者）撰写与出版的现当代诗人传记，但在实际操作层面，"现当代诗人传记"显然要以中国学者著述且在大陆出版的现代汉语版传记为主要研究对象。其三，就具体对象而言，"现当代诗人传记"以成书意义上的传记文本为主。其四，就概念本身而言，"现当代诗人传记"之"传记"属于现代传记且由于最初的提倡者和实践者多为诗人，因此可将其作为最早的现代传记（结合实际情况可知，其主要形式为"自传"）。其在具体展开时采取前文所述的宽泛理解方式，即它等同于"某某传"中的"传"，涵盖"传记文学"，是一个属概念。

除以上四点外，"现当代诗人传记"还应包括传记的类别及形式。事实上，在强调"现当代诗人传记"之"传记"取宽泛义、涵盖"传记文学"时，就已经涉及"现当代诗人传记"的类别及形式问题。显然，"传记"包括"传记文学"就意味着在"传记文学"意义上的现代诗人传记之外，还有其他类型的传记存在。与传记的概念相比，传记的分类同样是一个实践的课题，并在以往的研究过程中出现过多种看法。本书在综合 20 世纪 90 年代以后几部有代表性的传记研究著作的观点之后①，主要结合现当代诗人传记的实际写作情况对其进行分类。

首先，采用一种最常见的划分方式，即依据"著者身份"，现当代诗人传记可分为"自传"和"他传"两大类。两大类传记皆以成书的文本为主、篇幅长短不一，按传主身份划分属于现代传记中"作家传记"之一部。

其次，"他传"结合现当代诗人传记写作的实际情况，具体包括一般性传记、正传、评传、小传、传略、新传、外传、诗传、图传、画传、传记小说、故事、青春剪影等。这些形式依据传记的属性，

---

① 这些著作主要包括朱文华《传记通论》，复旦大学出版社，1993；李祥年《传记文学概论》，安徽文艺出版社，1993；杨正润《传记文学史纲》，江苏教育出版社，1994；陈兰村主编《中国传记文学发展史》，语文出版社，1999；杨正润《现代传记学》，南京大学出版社，2009；等等。

如究竟是倾向于历史还是倾向于文学，可进一步概括为"评论性传记"（主要指评传）、"标准传记"（主要指一般性传记、正传等）、传记文学（主要指传记小说、故事等）等类型。也可依据传记是否全部记录了传主的生命历程，进一步分为全传和阶段性传记（如"青春剪影"系列就是写作家从出生到青春时代，可形象理解为"阶段式"或"断代式"写作），等等。

最后，与他传包括的种种类型相比，"自传"由于著者和传记主人公身份一致、数量相对少而成为一种最易识别的传记形态。鉴于"自传"在实际应用中可信度高、更具权威性，本书将在第二章对其进行专题研讨。结合现当代诗人自传的实际写作情况，其具体还可以进一步划分出回忆录、口述史等"亚自传"形态。

需要补充的是，在不同的研究者那里，"他传"还可包括"原料性传记"（主要指作家的资料汇编等）、"谱表式传记"（主要指年谱、年表等）；"自传"还包括"书信""日记""游记"等形态；而从传记形态实验的角度还有"电子图传""影视传记"等。限于篇幅，本书在探讨现当代诗人传记时将其作为参考与例证，但不作为主要研究对象。

如果说在确定"现当代诗人传记"范畴的时候，我们已经部分涉及其特殊性，那么，从传主身份的角度辩证地看待现当代诗人传记的特殊性，同样反映了现当代诗人传记书写过程中的实际情况并与文学史的评价有关。现当代诗人传记作为一个具体、明确的范畴，一般来说不会存在任何认知层面的问题，根本原因在于依据"现代传记→作家传记→现当代作家传记→现当代诗人传记"这样从大到小的逻辑顺序排列，现当代诗人传记因其对象具体而显得范围集中。然而，结合现当代诗人传记写作的实际情况，我们必须至少指出以下两方面问题。第一，现当代诗人传记的"诗人身份与特点"问题。回顾现当代诗歌史，不难看到，除现代的徐志摩、艾青、戴望舒和当代的顾城、海子等可以作为较为纯粹意义上的诗人外，许多被写入现当代诗歌史的诗人往往身份多元、涉猎广泛。因此，对于像胡适、郭沫若、何其芳等一些诗人，我们虽然将其传记列入现当代诗人传记的范畴，但实际上，诗人只是其一个身份，诗歌成就也只是其人生的一方面成就而已。与之相比，朱自清、郑振铎、胡风等诗人身份则更"弱"一些，因而究竟取信于何种版本和具体哪些内容，也是在研究过程中必须注意的。第二，与第一方面相呼应的是现当代诗人传记的"诗性"问题。谈及现当代诗人传记，如果只是望文生义，那么很容易形成其内容、文字诗情画意、诗意盎然的印象。然而，事实上，这样的现当代诗人传记几乎是不存在的。"现当代诗人传记"虽为现当代诗人的传记，但诗人身份的确立、诗歌写作的经历也许只占其全部生命历程的一部分，现当代诗人传记同样需要完整而真实地讲述传主，在客观上很难从"诗性"或曰属于现当代诗人特殊性的一面去要求现当代诗人传记。与此同时，还应当看到的是，如果一定要探究现当代诗人传记的"诗性"，那么，这种"诗性"也不是由现当代诗人决定的，而应当取决于传记的写作者。这一实际存在，也决定我们在研究现当代诗人传记相关问题时需要保持客观、公正的态度。

综上所述，大致可以这样做结：是现当代诗歌史和现当代文学史的"定评"影响了现当代诗人传记的"特殊性"（其实是一种限度），但这一点对于无法达到高精确度的文学研究来说又是一个"客观的存在"。指出现当代诗人传记在这方面的"特殊性"更有助于我们在探讨其某一方面问题时持有某种相应的标准和尺度，进而使之更为合理、有效。

二　"传记性史料"的定位与"史料"理念的阐释

关于现当代诗人传记是"传记性史料"这一结论并不难理解，许多现代文学研究者都曾在论析现代文学史料的过程中言及两者的关系。早于 1985 年，马良春就曾在其《关于建设中国现代文学"史料学"的建议》一文中，对现代文学史料进行了分类：

第一类：专题性研究史料。包括作家作品研究资料、文学史上某种文学现象的研究资料等。

第二类：工具性史料。包括书刊编目、年谱（年表）、文学大事记、索引、笔名录、辞典、手册等。

第三类：叙事性史料。包括各种调查报告、访问记、回忆录等。

第四类：作品史料。包括作家作品编选（全集、文集、选集）、佚文的搜集、书刊（包括不同版本）的影印和复制等。

第五类：传记性史料。包括作家传记、日记、书信等。

第六类：文献史料。包括实物的搜集、各类纪念活动的录音、录像等。

第七类：考辨性史料。考辨工作渗透在上述各类史料之中，在各种史料工作的基础上可以产生考辨性史料著述。[1]

---

[1]　马良春：《关于建设中国现代文学"史料学"的建议》，《中国现代文学研究丛刊》1985 年第 1 期。

其中，"传记性史料"包括"作家传记、日记、书信等"的看法，与当下传记研究中的一般作家传记基本一致。按照刘增杰的说法："马良春的设想提出后，虽然在学理上没有引起大的讨论，但在教学实践中，却推动许多高等学校相继开设了中国现代文学史料学（文献学）课程，并先后提出了一些史料分类的实施草案。"① 以刘增杰所在的河南大学为例，20 世纪 90 年代初，河南大学中文系就曾"根据中国现代文学史料的存在形态，参照中国古典文学史料类型的研究成果"，在为中国现代文学专业研究生开出的学习书目中，将中国现代文学史料分为七类。这七类和马良春的分类有所不同，其中"第六类：作家年谱、传记、回忆录史料"属于"传记性史料"，但突出了年谱、回忆录史料，而书信、日记属于广义"自传"的史料被置于"第二类：中国现代文学别集"，即"是收录一家作品的集子，包括作家全集、作家文集、作家选集"② 在内。

现当代诗人传记作为一种史料，还可以从更广的范围加以确定，如在潘树广、涂小马、黄镇伟主编的《中国文学史料学》一书中，"中国文学史料"就被分为八种，其中第三类是"作家传记资料"，"包括传记专书和散见于正史、别史、杂史、姓氏书、题名碑录、方志、家谱、笔记、文集、报刊、回忆录中涉及作家事迹的资料。传记资料由本人记述（如自传、自订年谱、日记等）或亲属、师友记述的，史料价值一般较高。但大部分传记为后人搜集已有文献资料整理而成"③。现当代诗人传记作为一种史料当然还可以扩展至更大

---

① 刘增杰：《中国现代文学史料学》，中西书局，2012，第 172 页。

② 刘增杰：《中国现代文学史料学》，第 172、173 页。

③ 潘树广、涂小马、黄镇伟主编《中国文学史料学》（上卷），华东师范大学出版社，2012，第 5 页。

的范围，但由于其已经可以在更为具体、明确的范畴内得到确证，再依据从小到大的范围加以推论已无太多必要。现当代诗人传记是中国现代文学史料中的"传记性史料"，具有史料的一般特质，决定了可以从史料角度设置问题展开研究，这一点是本书的立论前提与基础。

结论虽然如此，但现当代诗人传记和史料毕竟从属于两个不同的范畴，两者在"叠加"之后会产生新的问题域。如果说现当代诗人传记是"传记性史料"已为本书提供了论说的前提，那么，"现当代诗人传记史料问题研究"要解决的显然已超越这一层次，进入"如何史料""怎样问题"等层面。鉴于学界很多研究者一直对史料研究存有简单化、片面化的理解，笔者首先要明确的是"现当代诗人传记史料问题研究"不是简单的关于现当代诗人传记的搜集和整理，而是在搜集、整理的基础上对现当代诗人传记这一"传记性史料"的价值和实践进行阐释，在揭示其问题的过程中对诗人、作品研究及文学史研究和书写，提供可以参考的文献资料和有建设性、启发性的观点和思路。唯其如此，现当代诗人传记之"史料"才不会孤立、僵化，才会在实现自身价值的过程中成为研究现当代诗歌和编撰现当代诗歌史及现当代文学史的客观依据。

除对"现当代诗人传记史料问题研究"进行总体阐释之外，还应当对本书所言的"史料"进行简单的交代与说明。这是因为与现当代诗人传记"交叉"而成的"史料"已变得更为具体、明确、集中。按照《中国文学史料学》中的说法：

　　史料，是历史遗留物，是过去的事物得以流传于后世的实物资料、语言资料……

往事得以流传于后世，主要通过三个途径：文字记录的传递，实物的遗存，口耳相传。历史学家据以研究历史和编纂史书所用的资料，主要就是这三个方面。它们分别被称为文字史料、实物史料和口述史料。

文字史料，指书籍、报刊、档案等。史料学家所利用的，大部分是文字史料。

实物史料，指历史上的事物以其固有的物质形态流传于后世者，包括地面保存和地下发掘的遗迹、遗物。

口述史料，又称口碑或口传史料。人类在发明文字前，史事主要靠口耳相传；即使在文字发明后，口述史料也仍然是史家所关注的。[①]

上述文字在揭示史料含义的同时，也对史料存在的形态进行了分类。现当代诗人传记就其存在的形态来说基本是文字史料，即使部分纳入自传范畴的文本可以归类于回忆录、口述史，但由于其最终是由文字和文本形态表现出来的，所以仍没有摆脱文字史料的范畴。值得指出的是，对于和"史料"关系密切、既有区别又有联系的"文献"概念，本书选择了范围更为广泛的史料概念，以涵盖具体表现更为复杂多样的现当代诗人传记。"史料"是一个比"文献"更广的概念，"史料"中的"文字史料"部分基本与"文献"概念相同，而这也正是当下部分研究者常常使用更为直观、明确的"文献史料"概念的重要原因。"史料"和"文献"在古代文学研究中是有区别的，且在应用方法上也有很大不同，但若置于现当代文学的视野之

---

① 潘树广、涂小马、黄镇伟主编《中国文学史料学》（上卷），华东师范大学出版社，2012，第2～3页。

中，两者的界限则没有那么明显。这是因为现当代文学中的"史料"基本是或者说都已转化为"文字史料"，而现代汉语的句法、标点符号的使用以及印刷技术等客观存在的条件，也使"史料"和"文献"在研究方法上不易建构起独立的体系。

与结合具体形态明确现当代诗人传记主要是文字史料相一致的，是现当代诗人传记的史料问题研究必然要呈现现当代诗人传记这一史料本身的价值构成以及影响史料价值的因素等一系列问题。结合前文对现当代诗人传记作为一种史料寻找理论依据的论述，我们不难判断现当代诗人传记具有史料价值，但在具有史料价值的同时，还有价值多寡的问题。由于现当代诗人传记数量越来越多，其史料价值的多与寡、有与无已成为一个不可回避的现象。这一问题会在本书以后的章节做详细阐述，此处只进行简单的概述。出于学术研究的一种习惯性观念，我们在谈及现当代诗人传记的史料问题时往往偏重、突出那些史料价值大的文本，然而，秉持一种客观的态度，则不难发现既然我们阐释的对象是现当代诗人传记史料，那么，无论史料价值如何，都可以作为史料问题的一个方面，进而展现其范围与边界的宽度与广度。现当代诗人传记的史料问题研究就是要揭示现当代诗人传记作为史料的复杂性与多样性，而这样的研究思路不仅决定了阐释的结构，而且决定了阐释的方法与价值。

三　研究的结构、方法与价值

明确了现当代诗人传记史料问题研究的概念、对象之后，本书的结构和主要研究方法也随之确定下来。

在结构上，本书由"导论""正文""结束语"三部分构成。其中，正文分五章，是本书的主要内容。第一章"现当代诗人传记的史料价值构成"，主要包括现当代诗人传记是"诗人"生平的真实记录与完整呈现；历史再现、认知的快乐与现当代诗人传记的有效生成；可作为批评、研究与诗歌史的"资源"三方面内容。第二章"现当代诗人传记的史料层位划分"，主要基于现当代诗人传记的实际，结合文学史料学的理论，将"自传"定位于第一层位并探讨其复杂性，将"他传"定位于第二层位并探讨其多元性。现当代诗人传记作为不断实践的过程，还包括平素研究中易于忽视的港台地区出版的"传记"，这为现当代诗人传记的史料问题研究拓展出新的空间。第三章"现当代诗人传记史料的生成与实现"，主要通过探讨现当代诗人传记的生成，探讨其史料价值。现当代诗人传记的史料与发掘、整理和研究互动，在修订、再版中实现传记理想，在具体实践过程中，其价值的实现可通过"版本"的考辨与"善本"的选择和"跨版本"比较、互见与释疑之纵横两面来完成。第四章"传记家的素养与传记史料的关系"，主要从现当代诗人传记的创作主体传记家的层面，分析传记家的素养与传记史料的关系，在具体展开时包括传记家的道德与写作伦理；著者身份、学养与洞识能力；传记家的眼光与传材的搜集与甄别以及"感悟传主"与必要而合理的"想象""虚构"及推测，共四个方面。第五章"影响现当代诗人传记史料价值的其他因素"，综合之前的论述，述析影响现当代诗人传记史料价值的其他因素，在具体展开过程中包括时代的制约与写作的不平衡性、"地域性问题"的初探以及"过度书写"：消费时代诗人传记生产及其史料价值评估三个方面。结束语"现当代诗人传记史料的建设与研究的历史展望"，正视现当代诗人传记史料整理工作和研究之现状，对本书研究内容予以总结和深化。

　　针对"现当代诗人传记史料问题"这一研究对象的独特性，本书主要采用如下几种研究方法：其一，史料学、文献学等研究方法相结合，明确现当代诗人传记作为史料的地位、价值构成与层位划分；其二，比较分析法与文献分析法相结合，在版本考辨的前提下确定若干"善本"，通过跨版本比较、互见，分析不同诗人传记版本对于同一事件或交往的记录内容特别是差异，分析以往研究中一些有争议的诗歌现象，凸显现当代诗人传记的史料应用价值；其三，阐释学、文章学与文化研究等方法有效结合，立足传记本身与其他学科相关联的客观现实，以内外结合的方式分析影响现当代诗人传记史料价值的主客观因素。

　　"现当代诗人传记史料问题研究"作为一次全新的学术探索，其意义和价值主要包括如下两个方面。从理论方面来看，第一，较长一段时间内，传记文学存在重视理论与历史梳理，忽视从传记文学自身找寻新的学术生长点的问题。本书选择以"史料问题"为切入点，辅以史料学，研究现当代诗人的传记写作，可以在深入认识现当代诗人传记写作的发生、发展与走势的过程中，发掘以往传记研究和新诗史研究中常常忽视的部分。在厘清"现当代诗人传记""史料问题"等概念的前提下，拓展传记文学研究和新诗史研究的理论视野，促进现当代作家传记研究、新诗史研究以及现当代文学研究的学术创新。第二，以现当代诗人自传、他者所著之传为主要研究对象，探究现当代诗人传记写作的种类、版本和价值等问题以及对中国现当代传记文学史料研究起到的作用。第三，探究现当代诗人传记写作与时代之间的关系，考察不同时期现当代诗人传记写作的史料价值，重释若干争议与诗歌史"悬案"，确立正确的传记文学写作观与史料观。

从实践方面来看，本书的价值在于：第一，通过现当代诗人传记史料问题的研究，对现有的诗人传记版本进行考辨和跨版本比较，运用校勘、考证和辨伪等史料学方法，确定若干"新善本"的选择；第二，阐释消费时代现当代诗人传记写作的史料价值，辨析影响现当代诗人传记史料价值的若干因素，与现当代诗人传记写作形成互动，促进其良性发展。

第一章 现当代诗人传记的史料价值构成

谈及现当代诗人传记的史料问题，首先要明确现当代诗人传记的史料价值构成。"对于人物传记自身所具备的史料价值，任何一位有意了解过去历史的人们都不会忽视。即使是在各种载述手段与形式皆已完备的今天，人们仍然把人物传记看作是获取人物生平史料的最直接、最重要的来源。"① 直观地看，现当代诗人传记由于通过文字表达了过去的历史，其包含的信息可作为依据为研究者所用，自是具有史料价值。现当代诗人传记的史料价值以传记为根本、以诗人的身份为特征，在具体构成上可做多方面、多角度的探索。

一 "诗人"生平的真实记录与完整呈现

现当代诗人传记的史料价值，首先来自真实性和完整性的写作原则和美学原则。

真实，历来被视为传记的生命，失去真实的传记相当于没有灵

---

① 李祥年：《传记文学概论》，安徽文艺出版社，1993，第152页。

魂，是不可想象的。真实作为一道至高的律令，是任何一部传记都无法逾越的底线，也是传记具有史料价值的保障。真实意味着可信，唯有真实才能使传记作为参考文献被加以征引。真实是一部传记的基石，历来是传记写作的先决条件和基本原则，也是传记家在立传过程中不言自明的重要前提。"传记的最重要条件是纪实传真，而我们中国的文人却最缺乏说老实话的习惯。对于政治有忌讳，对于时人有忌讳，对于死者本人也有忌讳。圣人作史，尚且有什么为尊者讳，为亲者讳，为贤者讳的谬例，何况后代的谀墓小儒呢！……传记写所传的人最要能写出他的实在身份，实在神情，实在口吻，要使读者如见其人，要使读者感觉真可以尚友其人。但中国的死文字却不能担负这种传神写生的工作。"① 胡适这段话既道出了真实的必要性，又说出所谓影响传记真实的过往积习和突破之所在，对人们从具体层面认识传记的真实富有启发性。

真实虽是传记的前提、写作的原则，但传记毕竟是对过往历史和人生的复原与再现，是一种创作，不可避免地受传记创作主客体因素的影响，允许存有信息和材料的疏漏甚至是记忆的偏差以及对隐私和有争议事件的回避。同时，传记在具体书写过程中还受文字叙述和写法的限制，很难完全达到表意后的真实。因此，我们必须明确的是：真实是任何一部传记追求的境界和渴望达到的目标，但绝对的、纯粹意义上的真实是不存在的，而人们在阅读过程中不言自明的传记真实，就这样在可称为准确的衡量下转化为一种"相对真实"和"文本真实"。

除"相对真实"和"文本真实"之外，传记的真实还包含"程

---

① 胡适：《〈南通张季直先生传记〉序》，载耿云志、李国彤编《胡适传记作品全编》（第四卷），东方出版中心，2002，第203页。

度真实"或曰有真实程度的高低之分。传记发展至今天，已成为一个包容许多文类的范畴，如本书"导论"中对现当代诗人传记进行分类时提及的具体类型。不同类型的传记对真实的要求在程度上有所不同。相比一般意义上的传记，诸如年谱和传记辞典等，不仅要求真实，而且要求准确，是以，传记真实又有"最低标准"之说。在《现代传记学》中，著者杨正润就曾以比较的方式指出符合传记要求的四点"最低标准"：

> 作品中的主要人物即传主是真实存在的；
>
> 传主生活的历史背景、他同外部世界的关系、他的主要活动及其原因和结果都是真实的；
>
> 传主的个性特征、思想意识、情感活动以及人格发展的过程是真实的；
>
> 同传主有关的重要人物的生平活动、思想、感情和性格，特别是他们同传主的关系是真实的。①

传记真实需要在具体写作中呈现，既影响写作者的传记观，同时成为一种评判标准、美学原则。人们通过阅读知晓的不能歪曲、杜撰和凭空演绎，不能有意隐瞒、曲笔讳饰，力求客观公正等提法，都与此有关。只是，此时的"传记真实"已进入具体的写作活动之中。

毫无疑问，作为一类具体的书写，现当代诗人传记在表现"传记真实"方面也符合上述规律，而古往今来各类传记的写作经验、理论探索，更使传记作家深知真实的重要性。为了达到"真实"，传

---

① 杨正润：《现代传记学》，南京大学出版社，2009，第27页。

记家们都曾在占有第一手材料和具体的写作上下过功夫，并通过不同方式努力建构传记的"真实"。以刘炎生所著的《徐志摩评传》为例，著者在"后记"中就有关于该书的写作自述：

> 在撰写过程中，我注意了三个问题。一是真实性。真实是评传著作的生命和价值所在。此书所写的都是实有的事情，没有主观臆想和故作渲染之处。为了增强真实感，还大量引用了徐志摩原著中的话和别人回忆的文字。二是深入性。尽力将徐志摩一生的重要方面，尤其是某些突出问题，写得具体些，清晰些，让读者看了后有较充分的了解。三是科学性。尽量立足于原始材料，从事实出发，进行切实的评述。对于一些论著中值得商榷的观点，也本着通过共同研究以求得真知的精神，不揣浅陋地谈了自己的看法。[①]

真实是原则，也是方法和目的，为了更加接近真实，传记家需要考证、辨别、推测甚至是存疑，将真相留给读者，这种貌似"不负责任"的做法，其实是以学术研究的态度尽力抵达并实现传记的真实。

与真实之于现当代诗人传记史料价值的重要意义相比，完整性是另一种"真实"，可理解为在真实追求过程中"量"的扩张。"完整性"可以从两方面理解："一是指在任何一个人生的横断面上，传记家都应将传记对象的行为、个性及社会关系的各个方面尽可能完整地予以展示；另一则指传记所选择展示人生的纵向发展历程，应有其相对的完整性。"[②] 第一方面的"完整性"最容易理解，它就是

---

① 刘炎生：《〈徐志摩评传〉后记》，暨南大学出版社，1995，第306~307页。

② 李祥年：《传记文学概论》，安徽文艺出版社，1993，第88页。

传主一生的展现。第二方面"完整性"属于内在的、心灵世界的。完整的传记不仅要展示传主的生命历程，还要展示传主在特定事件中发生具体行为的动机、揭示传主人格气质以及性格的复杂性。而这一点，正是传主在做出重要抉择、选择其人生道路的最重要原因。它由时间积淀而成，可以影响传主一生的命运。

当然，限于传记的篇幅，所谓"完整性"也是相对的。传记虽以展现传主完整的一生为目的，但传记不是事无巨细的流水账，它只能选择传主最重要的人生片段。这使任何一个传主的人生都可以被归结为"初始期、学习期、活跃期、退隐期"[①] 四个主要阶段。如果传主的人生经历较为丰富，那么，他（她）人生的主要阶段还可以增加或适当分出若干小的阶段。因为每个阶段都对传主的一生有着重要意义且各个阶段在时间上具有连续性，所以在具体书写过程中，每个阶段都应当力求完整，展现传主成长和心路历程之间的密切关系，并由此进行人生的示范、显现传记的历史价值，形成传记书写的"基本模式"。

结合以上所述可知：现当代诗人传记的完整性应当体现为对现当代诗人生平的整体描述，但这并不影响现当代诗人传记在表现完整时有自己的方式和特点。结合现有写作情况，我们可以将这些特点归纳为两个主要方面。第一，现当代诗人传记虽同样要呈现传主的一生、再现传记书写的"基本模式"，但其侧重点显然在诗人身份和诗歌成就上。为了突出这一特点，现当代诗人传记显然会将传主学诗过程、走上诗坛、代表作品的发表以及诗歌史定位作为重点，在此过程中，又常常将诗人的爱情经历嵌入其中。第二，对现当代

---

① 杨正润：《现代传记学》，南京大学出版社，2009，第90页。

诗人成长经历进行多样化的呈现。这一点落实在具体的文本之中，主要包括以下两种情形。其一，是将成长理解为诗人走上创作之路、成为诗人的前奏，因而突出诗人青春时代的特定阶段。以鲍立衔、傅光明主编的"大师青春剪影丛书"（华艺出版社，2002年版）为例，张卫的《海天之星——冰心》、刘屏的《东方芦笛——艾青》、刘屏的《狂飙少年——郭沫若》、傅光明的《生命信徒——徐志摩》以及沈卫威、杨雪丽的《学者风范——胡适》都可以作为现代诗人传记的"青春系列"：

> 青少年时代是一个人生命历程中最灿烂的黄金岁月。新文学的拓荒者正是在他们这金子般的宝贵时光里，完成着自己生命的成长、理想的追求、爱情的选择和创作的业绩，给后人留下了永不磨灭的、光彩熠熠的大师的足印。
>
> 我们策划这套《大师青春剪影丛书》的目的，就是想让今天的青少年朋友，以大师的生命成长和事业奋斗为参照，循着大师的足印，燃起内心激情的火焰，任青春激荡的灵魂抒唱浪漫的梦想和欢乐，为理想奉献，为时代讴歌，让生命闪耀着真正的青春之光。①

"大师青春剪影丛书"中的各卷诗人传记从传主出生讲起，主要记录了传主儿童、少年至青年时代，止于他们走上诗坛、青春时代的爱情故事和最终融入时代洪流之中，可视为标准意义上的诗人早年阶

---

① 傅光明：《〈大师青春剪影丛书〉总序》，载刘屏《东方芦笛——艾青》，华艺出版社，2002，第1~2页。

段的传记。① 至 2012 年，安徽教育出版社推出了由傅光明主编的
"现代作家青春剪影丛书"，这套丛书在人选上比"大师青春剪影丛
书"略有增加，但从著者和成书情况来看，同一传主的传记前后
并无太大变化②。张卫的《海天之星——冰心》、刘屏的《东方芦
笛——艾青》、刘屏的《狂飙少年——郭沫若》、傅光明的《生命信
徒——徐志摩》仍属于现代诗人传记系列。只是在"总序"中，编
者的介绍显得更为具体、客观：

　　　　这套书里的作家们，年轻时几乎无不是有着一个又一个的
　　梦。郭沫若像鲁迅一样，早年赴日本留学时，学的是医，后因
　　受到荷兰哲学家斯宾诺莎和美国诗人惠特曼思想的影响，决心
　　弃医从文；与郭沫若等一同发起成立"创造社"的郁达夫，留
　　日之初，考入的是东京第一高等学校医学部，后又改学过政治
　　学、经济学；冰心在写她的《繁星》、《春水》以前，就读协和
　　女子大学理科，向往的也是日后成为一名医生。

　　　　然而，任何一个梦想的实现，都需要付出巨大的艰辛、努
　　力。一个人的青春岁月，时常是苦恼与快乐相伴、信心又时常
　　与茫然相随。正是在这个时候，已经长大了的青少年，会突然
　　惊奇地发现，原来世间的事情是如此的复杂，连黑与白都有可
　　能变得不明晰和不确定起来，无法一下子认定的事情越来越多。

----

① 其中，《生命信徒——徐志摩》的情况比较特殊，这是因为其英年早逝，因此，关于他的
　　"青春剪影"已基本记录了他的一生。这种情况也适合后文提到的"现代作家青春剪影丛
　　书"中的傅光明的《生命信徒——徐志摩》，安徽教育出版社，2012。
② "现代作家青春剪影丛书"共计 15 种，比"大师青春剪影丛书"多 5 种，且没有再次收
　　录《学者风范——胡适》。

　　这些对于作家来说，却又是不可或缺的人生经历、经验和体验。

　　　　无论他们在年轻时做过怎样的梦，有一点是共同的，即读书、求知……①

"大师青春剪影丛书""现代作家青春剪影丛书"中的现当代诗人传记皆以诗人的青春成长为主要书写内容，突出其简单而又复杂的青春期经历以及未来人生道路选择的可能性和多样性。这种对于现当代诗人成长阶段的详细记录，有助于人们认识其如何走上诗歌之路。

　　其二，突出传主成年后某个特定人生阶段，展现其心路历程。以"郭沫若传"为例，冯锡刚的《郭沫若的晚年岁月》（2004）、贾振勇的《郭沫若的最后 29 年》（2005）、蔡震的《文化越境的行旅：郭沫若在日本二十年》（2005）、冯锡刚的《"文革"前的郭沫若：1949—1965》（2005）、冯锡刚的《郭沫若的三十年（1918—1948）》（2011）等，都属于这样的类型。作传者选择传主成年后某个人生阶段加以书写，其前提是"这个阶段"为其提供了足够的写作空间，即"可写之处"。由于这种写作方式聚焦于某一特定时段，是以，其特点是讲究具体、深入，既剖析传主的心路历程，又要与外部世界联系起来，指出并赋予书写其特定时代生活道路的意义。如蔡震在其《文化越境的行旅：郭沫若在日本二十年》中指出的：

　　　　确实，在一段已经渐渐远去的特定历史时期，郭沫若的日本生涯不仅仅属于他自己人生经历的一个时段，它们也见证着两个民族之间时代关系的一个侧面，更见证着两种文化之间在

---

① 傅光明：《青春剪影出一首首梦的歌（代序）》，载刘屏《东方芦笛——艾青》，安徽教育出版社，2012，第 3~4 页。

那一时代的交流。①

就很具有代表性。"青春剪影丛书""大师青春剪影丛书"和突出传主成年后某个特定人生阶段的传记，都可以归入"阶段性传记"类型。它们虽只写了诗人生平的某一阶段，但为了展现其深度和意义，其传记所辖时段是完整的。它们和完整性传记一样都揭示了特定时代的背景与个体命运，这一点将在下一节做进一步探索。

总之，真实性和完整性都是现当代诗人传记重要的写作原则，也是现当代诗人传记具有史料价值的重要原因。为了真实性，现当代诗人传记需要完整性；由于真实性，现当代诗人传记才能显示其完整性。尽管，两者在具体实现过程中都是相对的，可以有多种形态。一些现当代诗人传记在出版后，产生很大争议，在很多情况下都与真实性和完整性的缺失有关。同样，过度注重真实性和完整性也会因过犹不及而走到其反面，产生虚假的、不真实的效果。而此时，现当代诗人传记的史料价值也就无从谈起了。

二　历史再现、认知的快乐与现当代诗人传记的有效生成

现代传记，无论是自传还是他传，对于写作者而言，其目的之一都是要表现一种特定的人生、一段特定的历史，从而在实现"人性的纪念"、完成"人生的示范"的同时，帮助人们认识传主在特定历史进程及时代本质中的特殊作用，达到"认知的快乐"，发挥一

---

① 蔡震：《〈文化越境的行旅：郭沫若在日本二十年〉引子》，文化艺术出版社，2005，第2页。

般意义上的传记功能。① 现当代诗人传记作为其中之一部，自是符合上述逻辑。当然，由于写作者个体之间的差异，现当代诗人传记在表现历史时情况也有所不同。以郭沫若的自传为例：完整的《沫若自传》分 4 卷、计有 110 万字，前后跨度达半个世纪之久，堪称我国有史以来最长的自传，弥补了"东方无长篇自传"② 的缺憾。《沫若自传》的开篇之作《我的童年》写于 1928 年，其单行本曾于 1929 年 4 月由上海光华书局初版印行，当时题为《我的幼年》。其"前言"是写于 1928 年 12 月 12 日的一首六行诗：

> 我的童年是封建社会向资本制度转换的时代，
> 我现在把它从黑暗的石炭的阮底挖出土来。
> 我不是想学 Augustine 和 Rousseau 要表述甚么忏悔，
> 我也不想学 Goethe 和 Tolstoy 要描写甚么天才。
> 我写的只是这样的社会生出了这样的一个人，
> 或者也可以说有过这样的人生在这样的时代。③

《我的童年》作为后来《沫若自传》第一卷《少年时代》的第一部分，其书写的起止年代为 1892～1909 年，主要记录了郭沫若 18 岁之前的成长历程。尽管结合近现代历史发展的实际可知：直到 1911 年四川保路运动、武昌起义等一系列大事出现，最终推翻了清王朝、

---

① 关于一般意义上的传记功能及三点概括，本书主要依据杨正润《现代传记学》中的相关论述，具体见该书第 191～228 页，南京大学出版社，2009。

② 胡适：《传记文学》（1914 年 9 月 23 日日记），载曹伯言整理《胡适日记全编 1》（1910—1914），安徽教育出版社，2001，第 492 页。

③ 郭沫若：《郭沫若全集》（第 11 卷），人民文学出版社，1992，第 7 页。文中外文人名按照作者原注依次为奥古斯丁、卢骚（卢梭）、歌德、托尔斯泰。

建立了以孙中山为临时大总统的中华民国才算实现了"时代的转换"，但考虑到"时代的转换"总要有一个酝酿时期，因此，郭沫若在此处自言"我的童年是封建社会向资本制度转换的时代"基本符合后人回顾历史的实际情况，而《少年时代》中的余下三篇《反正前后》《黑猫》《初出夔门》也正是延续这种思路依次完成的。作为现代史上兼有诗人、剧作家、历史学家等多重身份的著名人士、文化旗手，郭沫若的自传富有强烈的时代感和使命感。以《少年时代》为第一卷的系列自传，始终保持着"依然一贯"的"写作动机"，即"通过自己看出一个时代"①，反映了他对传记写作的独特理解。秉持辩证的历史态度和传记观，郭沫若的自传再现了中国近现代历史的风云变幻。"我写的只是这样的社会生出了这样的一个人，/或者也可以说有过这样的人生在这样的时代"——时代、社会可以塑造一个人；时代、社会也可以通过对人的书写得到展现。为此，"自传"不仅要展现一个人，更为重要的是记录与之相关的时代及两者之间的"对话"与"互动"；与此同时，唯有更为广阔深入地表现历史，才能丰富关于自我的书写。

与郭沫若相比，胡适笔下的"自传"则呈现出另一种追求、另一幅图景。以从 1931 年开始陆续刊载于《新月》、后于 1933 年 9 月由上海亚东图书馆初版的《四十自述》为例，在这部仅完成 6 章、堪称"半部书"的自传中，胡适极力表达他对传记寄寓的厚望：

> 我很盼望我们这几个三四十岁的人的自传的出世可以引起一班老年朋友的兴趣，可以使我们的文学里添出无数的可读而

① 郭沫若：《〈少年时代〉序》，载《郭沫若全集》（第 11 卷），人民文学出版社，1992，第 3 页。

又可信的传记来。我们抛出几块砖瓦，只是希望能引出许多块美玉宝石来；我们赤裸裸的叙述我们少年时代的琐碎生活，为的是希望社会上做过一番事业的人也会赤裸裸的记载他们的生活，给史家做材料，给文学开生路。①

通过呼吁、示范引领传记写作，以弥补"传记的文学"的缺乏，是胡适对比东西方传记写作、引领"传记热"潮流的一贯主张。《四十自述》真情洋溢，自然而真实地记录了从母亲订婚到1910年获得官费出国留学名额、改名为"胡适"的历程。阅读《四十自述》，不仅可以看到胡适幼年受教育的经历和未来的发展方向，而且还能了解胡适性格中常常为人所忽视的一面，对理解日后胡适在"文学革命"中的实践和成为"文学革命"主将之一有着重要的参考价值。除此之外，胡适在《四十自述》中的写法及转变也很值得关注。"关于这书的体例，我要声明一点。我本想从这四十年中挑出十来个比较有趣味的题目，用每个题目来写一篇小说式的文字，略如第一篇写我的父母的结婚……但我究竟是一个受史学训练深于文学训练的人，写完了第一篇，写到了自己的幼年生活，就不知不觉的抛弃了小说的体裁，回到了谨严的历史叙述的老路上去了。"② 胡适最初的设想其实是想摆脱传统传记的写作老路、开启"传记文学"的新路，他的主张曾得到老友徐志摩的"热烈的赞许"。正因为如此，他

---

① 胡适：《〈四十自述〉自序》，载耿云志、李国彤编《胡适传记作品全编》（第一卷上册），东方出版中心，2002，第3页。

② 胡适：《〈四十自述〉自序》，载耿云志、李国彤编《胡适传记作品全编》（第一卷上册），第3页。

的"转变""颇使志摩失望"。不过，从真实再现历史的角度看，胡适的"转变"又有合理之处：完全摆脱历史、采取文学的笔法，显然会违背传记的本质、削弱传记的真实性和可信度，自然也就谈不上"给史家做材料，给文学开生路"。

如果说以郭沫若、胡适为代表的自传实践，代表了现代传记同时也是现当代诗人传记早期的书写状态，结合现当代诗人传记的发展史，我们可以清楚地看到，无论是后来的"自传"还是"他传"，都对"历史"抱有极大的热情并以此尽力表达现当代诗人在历史进程中的特殊作用，进而提升传记本身的历史价值。比较而言，"自传"在呈现历史时侧重解释自己和认知自己，"他传"在呈现历史时则倾向于"人生的示范"。但无论怎样，两者对于读者来说都可以获取"认知的快乐"以及人生的启示，进而达到"以史为鉴""以人为镜"的效果。

值得指出的是，除上述几点内容可以作为现当代诗人传记具有史料价值的要素之外，还有一些因素，如现代出版业的兴起和繁荣、白话文运动和现代教育的普及等，同样影响着现当代诗人传记的有效生成。现代出版业的兴起和繁荣，使不同类型传记的出版和传播成为可能；现代出版业在兴起和繁荣的同时追求市场赢利，也以或直接或间接的方式促进了现当代诗人传记的生产。显然，现当代诗人传记的传主身份本身具有名人效应，可以通过激发好奇心等吸引更多读者阅读与消费。以上海现代书局于1932年推出的由李霖编的《郭沫若评传》为例，由李霖所写的"序"中有这样一段话："郭沫若先生的一贯精神，是反抗。他这反抗的精神，如黑夜中的火炬，灼灼地燃烧着，每一个青年的心，每一个爱好文艺的青年的心，都被他一股强烈的热力吸引住了。他永远是站在时代的前面，永远是不屈不挠的与困苦奋斗，他这样向上的精神，正是为青年们所需要的。"①

这段话就很生动地反映了郭沫若对于当时青年们的吸引力。《郭沫若评传》除"序"外，还有李霖所写的《郭沫若传》、钱杏邨撰写的《诗人郭沫若》、沈从文的《论郭沫若》、闻一多的《〈女神〉之时代精神》《〈女神〉之地方色彩》以及评价郭沫若自传《我的幼年》《反正前后》《黑猫》和其小说、戏剧等20余篇文章，最后还收有李霖辑录的《郭沫若先生著译书目》。从严格意义上说，《郭沫若评传》不能算一部标准的"评传"，它更像今天现当代文学研究过程中经常遇到的关于某位现当代作家的研究资料。这种形式简单、易成书，却可以以"郭沫若传"的某种面相出版印行，郭沫若当时的影响力及其传记的"卖点"和可能带来的利润，也由此可见一斑。

与现代出版业的兴起和繁荣对现当代诗人传记的影响相比，白话文运动和现代教育的普及主要涉及读者阅读层面。五四白话文运动推动了现代汉语的普及，而现代教育的普及则使更多的人拥有了受教育和阅读文字的能力。两者的叠加自然促进了现当代诗人传记的阅读、消费与传播，并使传主的人生力量、成功经验、教诲功能、励志精神等，一一落到实处，满足读者的阅读心理。与此同时，为数众多的读者在阅读过程中寄寓的这种诉求，也在消费层面上促进了现当代诗人传记史料价值的有效生成，进而促进现当代诗人传记的生产。

三　批评、研究与诗歌史的"资源"

对于现当代诗歌批评和现当代诗歌史写作与研究而言，应用层

---

① 李霖编《郭沫若评传》，现代书局，1932，"序"第1页。

面的现当代诗人传记的重要价值首先在于批评家、研究者和文学史家可以借助它对现当代诗人生平、文学观念、诗歌道路及艺术追求等进行了解和把握。只要看一看为数众多的现当代诗人批评、现当代诗歌史乃至现当代文学史援引的材料及相应的注释，就不难发现现当代诗人传记的作用。而即便是那些没有直接引用传记资料的批评与研究，现当代诗人传记及其相关材料的"隐性中介价值"也会体现其中。现当代诗歌批评需要以现当代诗人传记为参考、了解现当代诗歌的生成背景和现当代诗人的生活语境、创作动机，至于现当代诗歌史更是以生平简介、"知人论世"的形式"部分重复"了现当代诗人传记的写作模式。而此时，在何种程度上理解现当代诗人传记本身还未考虑在内。这是因为如果从宽泛的意义上理解传记范畴，可将"回忆录""口述史""书信""日记""游记"等纳入"自传"范畴，将年谱、传记小说、研究资料、合传等纳入"他传"范畴，离开现当代诗人传记进行批评和诗歌史书写，显然是无法想象的。

　　现当代诗歌批评、研究和诗歌史写作将现当代诗人传记作为重要的参考资料，是在实践上对现当代诗人传记具有史料价值给予的充分肯定。不过，由于研究对象和研究立场的不同，现当代诗人传记的史料价值在实现的过程中也会有"程度"的区别。鉴于学界历来对批评和研究（取广义的"研究"，包括文学史写作和研究）有不同的认识，多认为批评的学术含金量低于研究，所以，在这一前提下谈论现当代诗人传记的史料价值也可以区分相应的层次，即研究范畴特别是在现当代诗歌史和现当代文学史的书写过程中，不仅十分关注现当代诗人传记的史料价值，而且是在对比过程中对部分版本的史料价值进行遴选后的再度确认。而多样化的现当代诗人传记也因此成为一种"知识"、一个研究对象①，形成了属于自己的研究领域。

为了丰富作为批评、研究和诗歌史"资源"的现当代诗人传记的史料价值，本书引用勒内·韦勒克和奥斯汀·沃伦在其名作《文学理论》的一段话：

> 一部文学作品的最明显的起因，就是它的创造者，即作者。因此，从作者的个性和生平方面来解释作品，是一种最古老和最有基础的文学研究方法。
>
> 首先，传记可以有助于揭示诗歌实际产生的过程。其次，我们还可以从对一个天才的研究，即研究他的道德、他的智慧和感情的发展过程这些具有内在价值的东西，来为传记辩护，并肯定它的作用。最后，我们可以说，传记为系统地研究诗人的心理和诗的创作过程提供了材料。
>
> 这三个观点必须仔细地加以区别。只有第一个观点是与我们所谈的"文学研究"直接相关的，即传记解释和阐明了诗歌的创作过程。第二个观点主张研究传记的内在价值，把注意重心转移到人的个性方面去了。第三个观点，把传记看作是一门科学或一门未来科学的材料，即艺术创作的心理学的材料。
>
> 传记是一种古老的文学类型。首先，从编年和逻辑两方面来说，传记是编史工作的一部分……一个传记家遇到的问题，

---

① 这里所言的"知识"和"研究对象"，主要是指在应用过程中，选择更为可信之版本本身就是一次知识的探寻和关于研究对象的清理。值得指出的是，对于现当代诗人传记的应用和辨析，一般来说，多指"他传"，而不是无论出多少版都"只此一本"的"自传"。以上两方面在本书第二章和第三章中还会进行详细论述。

简直就是一个历史学家所遇到的问题。传记家要解释诗人的文献、书信和见证人的叙述、回忆录以及自传性的文字，而且还要解决材料的真伪和见证人的可靠性等问题。[①]

传记不仅是传主研究的重要参考文献，其本身就包含着对传主的研究，这一事实就现当代诗人传记的具体门类来看，可以以评叙结合的"评传"为典型代表。传记的史料价值与传记的生成过程、构成方式以及包含的历史属性、真实性和有效性都有密切的关联，因此，既是一个属性问题，又是一个写作问题。传记可长可短，那些长篇的包括大量信息的传记往往可以引领读者进入一个"陌生化的境地"，会因此让读者重新认识传主，得出不一样的结论。当然，值得指出的是，在我们充分肯定现当代诗人传记可以作为现当代诗歌批评和诗歌史写作的重要"资源"的同时，也必须看到其限度："自传"不够典型，缺少心理描写、内心世界的袒露与自剖，人物形象在整体上不够突出，进而影响人们对其深入了解；"他传"多曲笔讳饰，不愿触及其隐私、进行是非评价等。因此，不加甄别地倚重传记，也会成为一种限制，毕竟任何意义上的传记都不能取代文学作品本身，"作家的生活与作品的关系，不是一种简单的因果关系"[②]。由此，对传记意义和价值的探讨已进入如何使用传记的问题层面了。

[①] 〔美〕勒内·韦勒克、奥斯汀·沃伦：《文学理论》（修订版），刘象愚等译，江苏教育出版社，2005，第75~76页。

[②] 〔美〕勒内·韦勒克、奥斯汀·沃伦：《文学理论》（修订版），刘象愚等译，江苏教育出版社，2005，第77页。

第二章 现当代诗人传记的史料层位划分

确定现当代诗人传记作为"史料"的价值构成之后，其价值的大小也随即成为一个需要面对的问题。虽然在没有将现当代诗人传记作为具体的研究对象之前，人们很少从价值的角度去衡量具体的传记文本，但作为一种常识，由传主本人提供的"自传"的可信程度在整体上肯定会高于由他者所著的"他传"。这样的常识及隐含其中的"观念"，其实与文学史料学对文学史料层位的划分是相对应的。现当代诗人传记的史料问题，当然也符合文学史料学的一般标准，但由于其在生成过程中受到诸多外在因素的影响，是一个具体的、实践的对象，具有自身的特殊性和复杂性，因此，本章主要结合相关理论和现当代诗人传记的实际情况加以阐述。

一 "自传"："第一层位"的史料及其复杂性

结合文学史料学的理论可知：

作家本人的著作，群体性文学活动的当事人或事件的目击者的撰述，称为第一层位的文学史料。

作家本人的著作，包括他的文集、日记、书信，或散见的文学作品、回忆录、自传等，是研究该作家的最有价值的基础资料。

……

第一层位的文学史料的记录者，是客体的实践者、直接感知者，故史料价值最高。[1]

"自传"由于传主和作传者身份的"重合"，其所述文字当然价值最高。尽管对于为自己立传的写作者而言，他所记录的文字无法完整地、事无巨细地还原其一生，其一些私密性的生活场景和内心世界的波澜也很难被写进书中，但在没有令人信服的证据出现之前，"自传"的内容都是最具权威性和可信度的。为数众多的作家文集、全集均将自传文字收录在内，研究者在引用时也多将其视为真实可信的记录，足见其与作家的作品是置于同一层次的。在现当代诗人传记发展史上，胡适、郭沫若、纪弦、臧克家、王亚平等人的"自传"，均属于这种类型或曰这种情况。鉴于"自传"的"固有限度"，即作传者无法叙述自己全部的生命历程，所以，所谓"自传"在具体呈现时往往是阶段式的、"半部书"式的，但仅就已有文字来看，无可辩驳地说，"自传"为研究现当代诗人的生平、创作以及相关的历史提供了重要的文献史料。

值得一提的是，现当代诗人自传在符合"第一层位"史料的定位的同时，也有自己的特殊性。以《沫若自传》为例：共4卷本、

---

[1]　潘树广、涂小马、黄镇伟主编《中国文学史料学》（上卷），华东师范大学出版社，2012，第130～131页。

近 110 万字的规模使《沫若自传》成为现代传记史上最长的自传。依据《郭沫若全集》"文学编"收录情况,这部自传第一卷《少年时代》包括《我的童年》《反正前后》《黑猫》《初出夔门》;第二卷《学生时代》包括《我的学生时代》《创造十年》《创造十年续编》《今津纪游》《水平线下》《山中杂记》《路畔的蔷薇》;第三卷《革命春秋》包括《北伐途次》《请看今日之蒋介石》《脱离蒋介石以后》《海涛集》《归去来》;第四卷《洪波曲》包括《洪波曲——抗日战争回忆录》《苏联纪行》《南京印象》《芍药及其他》。上述各卷内容虽最终辑为《沫若自传》,但在具体书写和出版单行本过程中并非按照现有的顺序完成且与初版本相比,更名、修改之处也较多。① 是以,今日看到的《郭沫若全集》"文学编"中的《沫若自传》,就创作时间来看,与一般意义上对"自传"的理解有所不同。此外,就具体写作形式而言,《今津纪游》《南京印象》可视为游记;《海涛集》中的《离沪之前》和《苏联纪行》更多的是以日记的形式完成的,因此,《沫若自传》在整体形式上就带有特殊性:非单一记述体,而是由多种文体形式交融组合而成,这一特殊形式不仅为人们理解"何为自传"提出了新的课题,而且为认知与自传相关的若干问题提供了机遇。

按照《现代传记学》的阐述,书信、日记、游记可归入"私人文献:边缘自传"范畴;而回忆录、口述历史可作为"亚自传"。由此对照《沫若自传》中的游记、日记,"自传"特别是对其边界的认知其实是一个理解性的课题。当然,鉴于"自传"本身处于变

---

① 关于《沫若自传》各卷包括的内容及其具体构成、版本演变,本书主要依据《郭沫若全集》第 11~14 卷,人民文学出版社,1992,上述 4 卷分别对应的是《沫若自传》第 1~4 卷,其中每卷前有"说明",详细介绍了各卷收录情况。

动的状态，对其认知更重要的还是一个实践的问题。一般来说，由传主本人完成的回忆录、口述历史（包括由他人记录、协助整理）被视为"自传"是不存在太多问题的。同样地，那些记录较为完整、以年代史为顺序的访谈录也可以在很大程度上被视为关于传主生平的自传。相比较而言，书信、日记、游记可否当作"自传"则需要甄别。其中，书信可能是"自传性"（采取一种形象的、可以理解的说法）最弱的一种形态；日记是否具有"自传性"要具体问题具体分析；游记是否具有"自传性"则要看它是否有一定的厚度和规模。

由于以上所述诸种形式在具体展开时涉及内容过多，无法一一罗列，所以，我们主要突出包括"书信、日记、游记"在内的"私人文献：边缘自传"和"回忆录、口述历史"在内的"亚自传"等，这些虽可在理论上总体纳入广义的"自传"范畴，但具体着眼于"自传"，上述形式未必一一符合的结论，因此以具体的情况来说明。正如许多读者所知的，现当代诗人当中有很多留有日记，而如"胡适日记"更是非常著名的文献。但这些诗人日记可否都能当作自传使用呢？在笔者看来，按照时间记录的每则篇幅都较短的日记，由于包含的信息量较少，更接近自著的年谱而非自传；而每则篇幅都很长、信息量较大的日记，则接近自传的范畴了。综观现当代诗人的日记，"胡适日记""蒲风日记"在很多情况下是具有这方面特点的。以《蒲风日记》为例：

　　作为一位诗人，蒲风诗人气质中那份对生活的渴望、生命的激情、昂扬奋进的精神表现得格外突出。尤为可贵的是，至迟从中学时代开始，他就以日记的形式认真地记录下自己的生活与精神状态。他把他的这种记录当作生命中重要的组成部分。一九三〇年考入上海中国公学大学部文史系读书后，特意选购精装日记本做更为详细的日记，大约每年一册。为了久远地留存生命的踪迹，为了避免生命的记录流落于动荡的年月，每记完一册，即寄回偏僻的山村老家——广东省梅县隆文乡坑美村——保存起来，足见他多么珍爱他的生命记录……

蒲风的生命虽然短暂，但因其有逐年较为详细的日记便连贯为生命的长卷；又因时代的动荡只留存下长卷中的两章，终使蒲风的日记与他的生命一样复归于短促。这或许就是不可抗拒的命运吧。所幸蒲风日记记得认真，率性率情，诗人气质表露得淋漓尽致，使我们有了于断章中窥见诗人生命长卷之风貌、窥见诗人生命之本真的可能。①

《蒲风日记》前后连贯、对于自己亲历的事尽可能一一记录，且多有抒情性议论，表明作者的爱憎好恶，是一个极为特殊的文本。《蒲风日记》的特殊性其实告诉我们：现当代诗人的日记是否可以作为自传必须从文本实际出发，而不能简单地望文生义；对现当代诗人自传的认定从来都是一个实践的课题，需要结合具体情况总结出规律而不能简单地使用理论加以概括。

在现当代诗人传记的出版过程中，还有一类自传需要关注，即由后人依据诗人生前所写文字辑录而成或是改编的自传。由吴福辉、钱理群主编，1995 年陆续在江苏文艺出版社推出的"名人自传丛书"中的《冰心自传》（钱理群、谢茂松编，1995 年版）、《徐志摩

---

① 李文儒：《蒲风的日记》，载李文儒编《蒲风日记》，山西教育出版社，1998，"前言"第 1~2 页。

自传》（晓文编，1997 年版）、《朱自清自传》（吴周文编，1997 年版）；由戴文葆主编、1996 年陆续由团结出版社出版的《郭沫若自叙》（黄淳浩编，1996 年版）、《冰心自叙》（林乐齐、郁华编，1996 年版）、《徐志摩自叙》（刘炜编，1996 年版）；由华夏出版社于 2008 年陆续推出的"中国现代名人回忆录文丛"（插图版）中的《我所见的清华精神——朱自清回忆录》（刘辉选编，2008 年版）、《巴黎的鳞爪——徐志摩回忆录》（张东未选编，2008 年版）；由文明国编、2013 年在安徽文艺出版社陆续推出的"二十世纪名人自述系列"中的《胡适自述》（胡适著、文明国编，2013 年版）、《徐志摩自述》（徐志摩著、文明国编，2013 年版）、《刘半农自述》（刘半农著、文明国编，2014 年版）等，就属于这种类型。这类"自传"有明显的删改、摘编特点，虽名为自传，但和真正的自传有很大不同。在有经验的研究者笔下，其一般不作为参考文献加以援引，因而其史料价值也不应当按照标准的自传加以衡量。

二　"他传"："第二层位"的史料及其多元性

按照文学史料学的概括：

同时代的非当事人的记录，是第二层位的文学史料。

我们在这里不笼统地说"同时代人的记录"，因为"同时代人"有两种情况，一是当事人，一是非当事人。当事人的记录已属于第一层位的史料，同时代非当事人的记录则属于第二层位的史料。

这里所说的"同时代"，有狭义与广义的理解。狭义的理解，指记录者与被记录者的在世时期有部分重叠，或所记录的事件是在记录者在世时发生的。广义的理解，是指记录者与被记录的人和事，同属一个朝代。

从总体上看，第二层位的史料不及第一层位的史料价值高，但由于记录者与被记录的人和事毕竟是处于同一时代，了解的情况或掌握的资料比后代多，其中颇有价值甚高者。[①]

现当代诗人传记中的"他传"显然应当被视为第二层位的史料。现当代诗人传记由于出现时间较近，还未超过一个世纪，加之现代出版印刷业相对进步较大、存留的资料及其获取渠道也相对容易，所以，现当代诗人传记虽可根据"在世时期"是否"重叠"分出"狭义"和"广义"的"同时代"，但就那些花费大力气、下苦功夫的传记而言，"狭义"和"广义"的区别并不十分明显，即其中都有价值颇高的现当代诗人传记文本。

20世纪80年代以后，现当代诗人传记随着现代传记的创作与出版一道进入了繁荣的阶段。在这一阶段，现当代诗人传记不仅立传的对象多、表现形式多元，出自不同作传者的同一传主的传记也获得了长足的发展，现当代诗人他传的史料价值也由此在实践过程中呈现出选择、对比的态势，进而更加复杂和多元：如无论是整体的还是具体的诗人传记，文字多、体量大的厚重之作其史料价值往往高于相对单薄的"小传"；新生的"画传""图传"在文字上虽不可与同一位诗人的"正传""评传"同日而语，但大量图片特别是资料性图片内含其中，又为研究者提供了另一种史料来源及信息渠道；

---

① 潘树广、涂小马、黄镇伟主编《中国文学史料学》（上卷），华东师范大学出版社，2012，第131页。

此外，晚近诞生的用心之作由于资料占有多、把握最新研究动态，其史料价值往往高于多年前出版的同一传主之传记……现当代诗人他传在展现自身价值的过程中，不仅受传记表现形式的影响，更受时代性、传记家等因素的制约。

进入 21 世纪第一个十年，随着现当代作家传记出版数量的激增、消费型传记的出现，新的写作形式也层出不穷。麦子的《顾城诗传：我用黑色的眼睛寻找光明》（时事出版社，2014 年版）、倾蓝紫的《在玫瑰停止的地方，芬芳前进了：顾城诗传》（北方文艺出版社，2014 年版）、李清秋的《黑夜给了我黑色的眼睛：顾城诗传》（石油工业出版社，2015 年版）；边建松的《海子诗传：麦田上的光芒》（江苏文艺出版社，2010 年版）、吴韵汐的《天空一无所有，为何给我安慰：海子诗传》（中国纺织出版社，2015 年版）、夏墨的《我的世界，春暖花开：海子诗传》（石油工业出版社，2015 年版）、李清秋的《没有任何夜晚能使我沉睡：海子诗传》（现代出版社，2015 年版）；倾蓝紫的《林徽因诗传：一身诗意千寻瀑　万古人间四月天》（哈尔滨出版社，2012 年版）、谭水编著的《林徽因诗传》（华中科技大学出版社，2012 年版）、丁立梅的《你在，世界就在：林徽因诗传》（长江文艺出版社，2013 年版）、初晴编著的《林徽因诗传：你是人间四月天》（四川人民出版社，2018 年版）；周鹏程的《烟花绽出的急景流年：徐志摩诗传》（文汇出版社，2012 年版）、央北的《徐志摩诗传：当爱已成往事》（吉林出版集团有限责任公司，2012 年版）、郑丽娅的《你是爱，是暖，是希望——徐志摩诗传》（国际文化出版公司，2012 年版）、黄亚妮的《徐志摩诗传》（华中科技大学出版社，2013 年版）、冯慧的《我心有猛虎，在细嗅蔷薇：徐志摩诗传》（长江文艺出版社，2013 年版）、韦子的《徐志摩诗传：只求最美的年华遇到你》（时事出版社，2014年版）、吴韵汐的《我不知道风是在哪一个方向吹：徐志摩诗传》（中国纺织出版社，2015年版）、夏墨的《我不知道风是在哪一个方向吹——徐志摩诗传》（石油工业出版社，2015年版）等相继出版，且有的形成一个系列①，表明由写作者和出版社共同制造的"诗传"正成为现当代诗人传记写作的新动向。从现当代诗人传记诸种命名的角度看，"诗传"应当是最能反映现当代诗人传记特点的写作形式。但如果我们仔细阅读这些传记，则不难发现：上述在整体上应当被纳入第二层位的传记，除为数不多的一两种外，大都只是利用了传主即诗人生平的传奇故事实现了一种写作和阅读意义上的消费。如果着眼于现当代诗人传记的史料价值，所谓形式的创新需要认真辨析，一些是基于传主的身份及可消费内容的再现，另一些其写作者的身份及生产环节的主体意识（包括策划、写作、出版、传播），也值得进行深入的考察与探究，现当代诗人传记的第二层位史料价值也由此呈现出可以分层的结构状态。

三 "类型之外"的文本及其"传记"可能

对于文学史料，还有第三层位之说："根据前代遗存的史料进行

---

① 如2015年由石油工业出版社出版的"诗意传奇书系"，就包括本书提到的李清秋的《黑夜给了我黑色的眼睛：顾城诗传》、夏墨的《我的世界，春暖花开：海子诗传》《我不知道风是在哪一个方向吹——徐志摩诗传》；2015年由中国纺织出版社出版的"多情诗者"书系，就包括本书提到的吴韵汐的《天空一无所有，为何给我安慰：海子诗传》、吴韵汐的《我不知道风是在哪一个方向吹：徐志摩诗传》；2013年由长江文艺出版社出版的"浪漫古典行·素心卷"系列，就包括本书提到的丁立梅的《你在，世界就在：林徽因诗传》、冯慧的《我心有猛虎，在细嗅蔷薇：徐志摩诗传》。

综合、分析、取舍而写成的资料性著述，称第三层位的文学史料。"
对比第一层位、第二层位的史料，"第三层位的史料数量多，时间跨
度大"①，在历史上跨越朝代而成，可理解为隔代史料，因而在史料
价值上低于前两个层位。现当代诗人传记由于出现较近、没有超出
一个世纪，可以不必区分这一层次。除此之外，西方学者对于史料
层位的"两分法"，如"同时代"（Contemporary）与"非同时代"
（Noncontemporary）两大类，"对同时代的史料至为重视"；以及
"原料"和"次料"，或译为"第一手资料"（Primary Sources）和
"第二手资料"（Secondary Sources）也值得借鉴②。鉴于本书的研究
对象，我们倾向于使用"第一层位"和"第二层位"的方式区分现
当代诗人传记的史料价值。与此同时，也充分关注文学史料学在理
论和实践上提供的启示，即"对史料层位的划分，既要考虑时间序
列，又要注意感知关系，同时，要对史料问题作深层的哲学思考"③，
从而对现当代诗人传记的史料价值做辩证性的思考。

　　总之，结合文学史料学的理论考察现当代诗人传记的史料价值，
既有"史料→传记"的过程，也有"传记→史料"的过程。这种由
双边互动共生而呈现的现当代诗人传记的史料价值，体现了对象叠
加后问题探索的多元性和复杂性。鉴于在论及现当代诗人传记时常
常由于主客观条件的限制而忽视港澳台地区的文本，是以，在本章
的最后，我们想通过述析港澳台地区相关传记的现状，进而丰富对
现当代诗人传记史料价值问题的认识。

---

① 潘树广、涂小马、黄镇伟主编《中国文学史料学》（上卷），华东师范大学出版社，2012，
　　第 132 页。
② 潘树广、涂小马、黄镇伟主编《中国文学史料学》（上卷），第 133 页。
③ 潘树广、涂小马、黄镇伟主编《中国文学史料学》（上卷），第 134 页。

　　以台湾天一出版社出版的朱传誉主编的《徐志摩传记资料》为例：按照邵华强编《徐志摩研究资料》的记录，1969 年 11 月台湾天一出版社就已出版了由朱传誉主编的《徐志摩传记资料》。① 该书在十年后又被作为朱传誉主编的四编、五册本的《徐志摩传记资料》② 的"第一册"再次出版，且从内容上看倾向于是一部关于诗人研究资料的汇编。不过，考虑到该书收录了刘心皇所著的系列文章《徐志摩与陆小曼》多篇，而后者又曾分别于 1978 年和 1987 年在香港和广州出版单行本③，可作为符合港台地区作传特点的"徐志摩传"。是以，在将其归为徐志摩生平资料汇编之余，视为徐志摩传记之一种也并不为过。《徐志摩传记资料》的"第三编（第三、第四册）"④ 包括舒兰的《北伐前后的新诗作家和作品》、梁锡华的《徐志摩新传》、赵聪的《五四文坛泥爪：诗人徐志摩》等，而梁锡华的《徐志摩新传》曾于 1979 年 11 月在台湾联经出版事业公司出版初版，后于 1982 年 10 月在台湾联经出版事业公司出版第 2 版，"第三编"也可以视为徐志摩传记之一种。《徐志摩传记资料》的编选情况确实为现当代诗人传记的史料问题研究提供了一个特例：一方面，从"各类期刊、报章"以及"扩及私家日记、碑铭、墓志、

---

① 邵华强编《徐志摩研究资料》，知识产权出版社，2011，第 574 页。

② 见朱传誉主编《徐志摩传记资料》（五卷本），台湾：天一出版社，1979～1985 年陆续出版。因为第一册、第二册、第五册独立成一册；第三、第四册虽分两册，但实为一卷，故本书将其列为四编、五册。第一册出版时间为 1979 年 11 月。

③ 刘心皇的《徐志摩与陆小曼》系列文章，在朱传誉主编的《徐志摩传记资料》"第一册"中共收 23 篇，最后一篇 1962 年 3 月 12 日完成。该册同时收有刘心皇所写的《徐志摩的元配夫人》一文。刘心皇的《徐志摩与陆小曼》后于 1978 年在香港港明书店出版单行本，又于 1987 年在广州花城出版社出版单行本。

④ 具体见朱传誉主编《徐志摩传记资料》（三四，精一册），台湾：天一出版社，1981。

行状、年谱、纪念文、回忆录、合集及专著"① 中收集的传记类文字从广义角度来看，都属于传记内容且具有史料价值；另一方面，各类文体不同、形式有别且篇幅长短不一的文字集合在一起，又确实对现有的传记概念提出了挑战。类似于本书在第一章第二部分提到的李霖编的《郭沫若评传》，细细考察《徐志摩传记资料》之后，可以发现其出版不仅涉及历史的问题，还涉及地域的问题。

现当代诗人传记的"地域性问题"在以后的论述中还会涉及，这里仅就地域不同会影响对传记的认知和书写来展开"地域性问题"研究。以眉睫著《关于废名》为例：该书于 2009 年 4 月在台湾的秀威资讯科技股份有限公司出版一版，2009 年 9 月出版二版，系"世纪映像丛书"第 49 种。其图书分类为"史地传记类"，具体可归入"传记类"。具体内容包括《〈妆台〉及其它》《读〈五祖寺〉》《姑妄言之姑妄听之》《废名诗的儿童味》《废名与书评》《废名的书信——呼吁抢救废名书信》《新发现的一封废名佚信——兼评废名的老北大讲义》《又发现废名的三封佚信——废名书信研究之三》《叶公超、废名及其他》《废名与周作人》《冯健男与废名》《废名在黄梅》《有关废名的九条新史料》《并非丑化：废名的真实一面》《〈废名年谱〉的特色》《浮出水面的诗人废名》《讲堂上的废名先生——兼谈〈废名讲诗〉》《谈〈废名讲诗〉的选编》《废名是怎么变回冯文炳的？》《谈〈新诗讲稿〉的体例》《废名图书热管窥》，此外，还包括"附录一：废名生平著作年表""附录二：废名研究资料索引"。该书全文使用繁体字、横排版，正文前有"冯思纯序""陈建军序"；正文后还有"止庵跋""张雨生跋""后记"。该书作者眉睫

---

① 朱传誉主编《徐志摩传记资料》（第一册），台湾：天一出版社，1979，"编辑凡例"第 1 页。

提及"印数不多，且在海峡彼岸，不少读者屡屡向我打听哪里可以买到"①，因此 2013 年 11 月在北京的金城出版社出版该书大陆版第 1 版。出版时书名为《废名先生》，正文前增加了"陈建军序"，在原有的"冯思纯序""陈建军序"前均加有"台版"二字；正文部分从章节目录上看，除保留《讲堂上的废名先生——兼谈〈废名讲诗〉》一文标题原样外均删掉了副标题，剩余《废名的书信》《新发现的一封废名佚信》《又发现废名的三封佚信》；删掉了"附录一：废名生平著作年表""附录二：废名研究资料索引"；正文后仍保留"止庵跋"、"张雨生跋"和"后记"，但在前均加有"台版"二字，另有"新版后记"说明新版情况。《废名先生》在版权页上归入"人物研究"和"文学研究"类，与台湾版的《关于废名》在类别归属上有很大的区别。同一本书在台湾和大陆出版，类别归属有一定区别，表明对传记的认知是有地域性差异的，而与之相应，将两本书作为对象进行研究时，也会得出不一样的结论。

类似的情况还可举杨迎平的《现代的施蛰存》（台湾秀威资讯科技股份有限公司，2017 年版），只是限于篇幅，无法一一展开。将诸如上述提及的著述当作传记，其史料问题的探究才成立并可以进一步展开；如果上述著述不被当作传记，那么，其史料问题的探究则不复存在，这说明现当代诗人传记的认知与判定还有许多方面值得思考和确认。

---

① 眉睫：《〈废名先生〉新版后记》，金城出版社，2013，第 232 页。

第三章　现当代诗人传记史料的
生成与实现

在《中国现代文学史研究法》一书中，著者谢泳在论及现代作家传记时曾指出："作家传记是研究者获得史料的初始基础，也就是说，我们从传记中获得的主要是史料线索，还不是史料，从传记线索中扩展史料是我们使用传记的目的，而传记本身并不能成为我们史料的基本来源，就是作家的自传也不能成为史料来源的依靠，在研究中国现代文学史时，作家传记属于'有意'的史料，或者说是次料，是第二手材料，此点要有清晰认识。"① 谢泳对现代作家传记史料的看法，涉及作为史料之现代作家传记的生成与价值实现，对现当代诗人传记同样具有启示意义。本章将结合现当代诗人传记的具体实践对相关问题展开探讨。

一　与发掘、整理和研究互动

任何一个作家传记的出现，都离不开相应的主客观条件，即一

---

① 谢泳：《中国现代文学史研究法》，广西师范大学出版社，2010，第128页。

方面是有关资料搜集、整理的相对完备，另一方面是创作影响、读者接受以及历史认可程度。两个条件在具体实践过程中互为依托、相互作用，共同促进"立传"条件的成熟，这一点在总体上和梁启超所言的"应该作专传或补作列传的人物"可包括的几种类型保持着一致性，即一是"思想及行为的关系方面很多，可以作时代或学问中心"的人物；二是"一件事情或一生性格有奇特处，可以影响当时与后来，或影响不大而值得表彰"的人物；三是"在旧史中没有记载，或有记载而太过简略"的人物；四是"从前史家有时因为偏见，或者因为挟嫌，对于一个人的记载，完全不是事实"。① 当然，若仅就现当代诗人传记而言，诞生时间短、诗人创作和传记创作在很多时间内"重合"等，都决定其要经历相当长一段时间的积累才能逐步走向繁荣。为此，我们必须承认这样一个事实：直到进入 20 世纪 80 年代，现当代诗人传记才在观念转变、资料搜集与整理相对完备、传记写作经验相对成熟的过程中开启了发展之路。

如果"发掘"本身就含有"发现""开掘"之意，那么，"发掘"首先在于一种判断和眼光。对于 20 世纪 80 年代之前的文学史和传记发展史，特定的历史不仅限制了诗人研究、文学史书写和传记创作，而且还限制了研究和创作的观念，在这一背景下，究竟哪些诗人可以立传特别是首次立传、怎样立传等，确实需要学术上的敏感甚至是胆气以及创作上的执着的信念。

　　人们也许会提出责难，为什么为一个资产阶级诗人作评传？
徐志摩，也值得为之写书吗？我可率直地回答：应该写，值得

---

① 梁启超：《中国历史研究法补编》，载《饮冰室合集 12》（专集之九十九），中华书局，1989，第 42～44 页。

写。在中国赴美、英留学的人群中，徐氏是一种典型；作为诗人，更有值得研究之处。他的诗文，近几年四川人民出版社出版的《徐志摩诗集》，浙江人民出版社出版的《徐志摩诗集》（全编），人民文学出版社出版的《徐志摩选集》，发行量总数达到十万以上。我相信绝大多数读者的立场观点与徐志摩的并不一样，但却喜欢他的诗。这事实大概可以部分地表明徐氏的诗富有艺术生命力。总结他的人生道路和创作，对读者认识那过去了的社会和历史上的人，无论从文学或历史的角度看，都不无裨益。

还不应该忘记，港、台和国外学者，已撰有关于徐志摩的论著多种，其中，有的政治偏见较突出，有的尚较客观。这个学术领域，我们有权利也有义务进入，而不应让海外学者独擅。①

徐志摩是在我们的文学发展史上居有绝非无足轻重的一席之位的一个复杂人物。他有缺点：在政治上、生活上，任性、不成熟、感情易冲动、思想混杂、易趋极端，下笔说话都带夸饰……一千个缺点，但这一切都不能掩盖他的纯真，他不虚伪、不做作、不欺人欺己；他有同情心、正义感、爱国情；他爱艺术、爱人生，爱青年，像火一般的炽热，像水一样的清澈；人生、命运对他无情，后人对他有失公允；惨死横祸，身后还拖着一长串的误解、指责……

历史是不能改变的，但是对历史却可以作出各种解释。要

---

① 陆耀东：《徐志摩评传》，陕西人民出版社，1986，"前言"第2页。

做到公允、准确，既需要立场、见地、胸襟、辩证法，更需要爱，对凡曾给我们民族、祖国的文化宝库增添过财富的一切人和事的爱。志摩的许多作品至今在海内外犹有大量的读者，这一点足以证明他在文学史上的业绩不容抹煞，他的生动形象不应在历史长河中湮灭。

　　是政坛、文坛的清明正气，给了我们实现这个压在心底二十多年的心愿的勇气和安全感，也为这部传记小说得以与读者见面创造了客观条件。①

出自陆耀东《徐志摩评传》"前言"和陆小曼学生展家骐、张方晦《飞去的诗人——徐志摩传记小说》"后记"中的这两段话，在很大程度上形成了"互文"，共同交代了"徐志摩传"面世的背景。20世纪80年代现代文学史研究的复苏和文学观念的更新，不仅为"徐志摩传"的写作与出版提供了时代语境，而且为现代作家传记的写作与出版提供了历史的契机。作传者可以在尊重历史、还原历史和追求审美诗意的前提下，结合传记文学的"优良的传统"②，客观、公正地重现诗人徐志摩的一生，进而在拓展徐志摩研究的过程中，推进现代文学史研究与现代作家传记的书写。

　　现当代诗人传记发展当然离不开相关研究的深入，何况，现当代诗人传记书写在密切关注现当代诗人研究的过程中，本身已成为现当代诗人研究的重要组成部分。现当代诗人传记在20世纪80年代呈现蓬勃发展的态势，自然得益于同期现当代作家研究的繁荣和

---

① 展家骐、张方晦：《飞去的诗人——徐志摩传记小说》，黄河文艺出版社，1988，第360页。

② 展家骐、张方晦：《飞去的诗人——徐志摩传记小说》，第361页。

现当代文学史书写的复兴。以几种产生重要影响、为学界所熟知、颇具规模的现当代作家传记丛书为例：北京十月文艺出版社 1981 年陆续推出的"中国现代作家传记丛书"，包括《冰心传》（肖凤著，1987 年版）、《郭沫若传》（龚济民、方仁念著，1988 年版）、《周作人传》（钱理群著，1990 年版）、《朱自清传》（陈孝全著，1991 年版）、《郑振铎传》（陈福康著，1994 年版）、《胡风传》（梅志著，1998 年版）、《艾青传》（程光炜著，1999 年版）、《徐志摩传》（韩石山著，2001 年版）、《冯至传》（陆耀东著，2003 年版）；北岳文艺出版社 1986 年陆续推出的"作家艺术家文学传记丛书"，包括《艾青》（徐刚著，1986 年版）、《绝代风流——郭沫若传》（唐先圣著，1989 年版）、《徐志摩传——艺术与风月》（宋益乔著，1990 年版）；重庆出版社 1993 年陆续推出、共分四辑的"中国现代作家评传"丛书，包括《郭沫若评传》（秦川著，1993 年版）、《郭小川评传》（张恩和著，1993 年版）、《冯雪峰评传》（陈早晨、万家骥著，1993 年版）、《戴望舒评传》（陈丙莹著，1993 年版）、《周作人评传》（李景彬、邱梦英著，1996 年版）、《臧克家评传》（蔡清富、李丽著，1998 年版）、《卞之琳评传》（陈丙莹著，1998 年版）、《艾青评传》（骆寒超著，2000 年版）、《冰心评传》（万平近、汪文顶著，2000 年版）、《徐志摩评传》（陆耀东著，2000 年版）、《冯至评传》（周良沛著，2001 年版）、《胡风评传》（万家骥、赵金钟著，2001 年版），等等，都属于现当代诗人传记。它们的出版对于相关诗人的研究以及现当代文学史研究、现当代作家传记书写都具有重要的意义和价值。

现当代诗人传记写作渐成阵势，其史料价值也在应用的过程中得到实现。不过，这个过程从实践的角度来看，从来不是凝固与静止的。全展在《中国当代传记文学概观》中说："当代文学家传记的创作确实取得了很大的成绩，但我们认为也有一些明显的不足。一个突出的事实是，许多横跨现当代文学史的重要作家，长期以来缺少一部'全集'以供我们做完整而深入的探究。资料的不完整，造成历史认识的雾障，所以难以看到有关这些作家的真正全面完整的传记。有的作者以一种仰视的目光在看传主，在人格上缺少和传主平等对话的气魄和精神，从而将传主'完人化'和'神化'，在一定程度上损害了历史的真实；有的传记将作家解放后的部分避重就轻地抛开了，或写得简单多了，因而达不到全面认识文学与社会人生的作用。"① 这可以看作对20世纪80年代以来现当代作家、现当代诗人传记写作不足的总结，那么，随着作家文献资料的逐渐完备，现当代诗人传记史料的发现和应用也必将面向未来。现当代诗人传记不仅要随着现当代诗人研究的深入和史料的不断发掘、整理，汲取最新研究成果、实现自身史料价值的增长，而且应通过修正自己的观念、不足甚至是错误，不断深化、提升自身的价值。为此，现当代诗人传记史料的发现和应用还有很多问题值得探索。

二 修订、再版及理想的实现

翻阅现当代诗人传记，常常会遇到这样的问题：由同一作者书写的同一传主的传记，数年之后再次出版——有的在封面上可以直接看到"增订版（本）"或是"修订版（本）"字样，有的要翻看版权页才能看到是有别于第1版的第2版甚或"第几版（修订）"，

① 全展：《中国当代传记文学概观》，黑龙江人民出版社，2004，第107页。

等等。这种情况其实已经涉及版本及史料价值等一系列问题。

按照朱金顺的概括："版本，最初是指各种雕版印刷的书籍，它为区别于手抄本而言。后来，概念的内涵扩大，凡一切成册的书均称版本，不仅包括了手写本，还包括了装订成册的拓本，总之，凡成册者皆为版本之一种。现在使用版本一词，已成为专用名词，藏书家讲究版本，凡一切见诸文字的东西，均可称版本，从事版本研究，就需明白一书的出版、用纸、装订、字体、行款、格式种种，版本学已经成一种专门学问了。"① 现当代诗人传记属于现当代文学的范畴，就版本而言自是与古代的版本尤其是雕版印刷术出现后的刻印本有所不同。"新文学的'版本'概念更宽泛，它不仅用于书本，也可用于杂志；它不仅用于装订成册的书本，也可用于一篇文章、一首诗。"② 是以，其研究的角度和方法也会有所不同。

现当代诗人传记的版本问题，在表面上看，只是涉及第1版与第2版或修订版、增订版之间的关系，但若做深层次探究，则会发现其中有很多复杂的话题可以展开。作为一个历史化的过程，"版本"问题首先隐含着"时间的密码"，而"时间的密码"又在具体展开过程中，包含传记写作的时代性和与之密切相关的主客观方面。时代性作为传记写作的背景，会深刻影响传记家的观念、写法以及文本最终的面貌。时代性是一种"此在的语境"，并处于变动之中，时代性本身就是传记写作的外部因素，并与传记写作的内在构成相生互动。确定传记写作的时代性是必要的，因为它可以决定传记的创作观、评价标准直至传记伦理，并深刻影响传记的版本问题。在此前提下，所谓传记写作的主客观方面主要围绕传记本身展开。就

① 朱金顺：《新文学资料引论》，北京语言学院出版社，1986，第84~85页。
② 金宏宇：《新文学的版本批评》，武汉大学出版社，2007，第3页。

主观方面而言，现当代诗人传记与作传者的写作理想有关，几乎所有的传记家都希望写出独一无二、永不过时的传记文本，他希望能完整、真实、深刻、有血有肉地记录传主的一生。然而，有些问题甚至有些真相永远无法触及、无法揭示，何况作传者还面临着时代与读者的检验、是否需要曲笔讳饰等一系列难题。就客观方面而言，涉及现当代诗人传记与现代诗人研究以及资料的发掘与整理互动。以现当代诗人为主要研究对象的研究者未必是现当代诗人传记家本人，这使传记文本常常遇到一些障碍，如在一般性阅读特别是作为学术研究之用时，因为当前版本的"固定性"会出现落后、过时的现象。从这个意义上说，进行一定的修改、增订则是必要的，如"第 2 版""修订版""增订版"的出现。除此之外，客观性还体现在出版环节对传记生产的影响。许多现当代诗人传记既有单行本，又作为"丛书系列"之一出版，两者无论谁在前谁在后，都会产生相应的版本问题。两者如果存有修改之处并在"后记"中注明或许还不那么明显，但如果并未修改又同样注明"第 1 版"则会产生问题。部分现当代诗人传记第 1 版出版未及 5 年，便由于被纳入某套系列丛书或是出于其他原因在另一家出版社出版且同样注明第 1 版（5 年是一些出版社允许本社图书在他社出版的合同条款之一），这种现象时有发生。这一方面告诉我们考察现当代诗人传记的版本问题要将出版因素纳入其中，另一方面则告诉我们在现当代诗人传记版本历史化的过程中，还有需要思考"重写"的问题。

"重写"在某种程度上可以直接理解为修改，但修改显然不是"重写"的全部。正如佛克马所言，"只需回顾一下中国与欧洲的文化传统，就可以发现，所谓重写（rewriting）并不是什么新时尚。它与一种技巧有关，这就是复述与变更。它复述早期的某个传统典型或者主题（或故事），那都是以前的作家们处理过的题材，只不过其中也暗含着某些变化的因素——比如删削，添加，变更——这是使得新文本之为独立的创作，并区别于'前文本'（pretext）或潜文本（hypotext）的保证。重写一般比潜文体的复制要复杂一点，任何重写都必须在主题上具有创造性。"① "重写"至少在相对意义上是另一次书写，是文本再发现的过程，而种种主客观因素也决定了"重写"本身的复杂性。

现当代诗人传记在初版本生成之后，一直承受着时间的压力：经过时间的沉淀，当年的某些结论是否正确？随着文献史料的发掘、整理和研究的深入，原来的书写是否已经过时？随着时代的变迁，当年最初的提法是否需要补充、修订？……这些问题使现当代诗人传记不仅版本众多（着重强调初版本的演变），而且还有许多新的写作者不断加入书写行列中书写同一传主。按照一般的逻辑，有别于初版本的"第2版""修订本""增订本"等，都可以视作"重写"本。"重写"常常源于时过境迁之后的自我修正或出于某种目的的自我调整。如由陆耀东所著的《徐志摩评传》曾于1986年7月在陕西师范大学出版社出版第1版，该书后由重庆出版社2000年10月出版第1版，并于2001年10月在重庆出版社出版第2版，后两种皆为"中国现代作家评传"系列，相对于1986年的版本，增加了很多内容。"今应《中国现代作家评传》编委会和重庆出版社之约，将初版本作重写式的补充、修改，列入《丛书》出版。资料方面，增加了一些；总的框架，有所变异；具体的分析、评论，也有加强。"②

---

① 〔荷兰〕D. 佛克马：《中国与欧洲传统中的重写方式》，范智红译，《文学评论》1999年第6期。

② 陆耀东：《徐志摩评传》，重庆出版社，2001，第2版，"前言"第4页。

由作传者自述的缘由来看，其属于在"重写"中进行丰富、填充、增订的类型。

上述如《徐志摩评传》在出版过程中呈现的版本问题，在现当代诗人传记写作中堪称主流。它不仅充分证明了时间、史料发掘、研究的深入等因素对现当代诗人传记的影响，而且充分反映了现当代诗人传记在持续写作、反复重写的过程中，渴望实现当前本即为"善本"的目的。

现当代诗人传记的修订、再版还寄予着传记家的创作理想。从创作维度看，修订、再版等依然遵循现代当诗人传记的当代化逻辑，且是当代化程度不断提升的结果。直观地看，现当代诗人传记之所以在多年之后被修订、再版，可归结为两个方面：其一，语境改变、观念改变，许多结论都需重新确定，一些未完的部分可以接续；其二，多年来现当代诗人相关材料的发掘、研究的深入与拓展，对初版本形成挑战，使其或是过于陈旧或是错讹太多，有进行修订的内在需要。这两点均涉及现当代诗人传记写作的主、客观层面，且在具体实现过程中常常彼此相连，紧密地交织在一起。然而，如果我们超越这两个方面，从更深的层次看待现当代诗人传记的修订、再版，便可以发现：现当代诗人传记的修改、再版还与传记家的理想及其不断产生的主观愿望有关，这完全可以归结为现当代诗人传记创作主体维度的层面，虽易于被忽视，但一直起着重要的作用。

每一位传记家都会在自己的传记创作中寄予自己的理想，但由于主客观原因，其最初的理想在实现的过程中有可能只是部分完成甚至大打折扣。因此，当"重写"的机会出现后，修订、再版等就成为传记家重新实现创作理想、缓释主体焦虑的一个重要途径。创作理想是现当代诗人传记写作内在的心理机制，促进写作不断进步。

当然，作为理想实现的途径及其外在表现方式，修订、再版等往往需要某种"机遇"，而实际上属于再版、修订但并未在传记封面及版权页上注明也是常有的事情。这一点，恐怕是我们谈及现当代诗人传记修订、再版过程中需要注意的问题。

以蒋勤国的两种"冯至评传"为例，《冯至评传》最初于2000年8月由人民出版社推出第1版，后于2015年7月在光明日报出版社推出"再版"（版权页上印为第1版）。按照著者"再版后记"中的自叙：

> 流年似水。不知不觉，距拙著出版已经过了十五个年头。近年来，不时有初识、旧识或素不相识的文学爱好者和研究者找我寻读《冯至评传》。十五年过去，我手头也仅剩自存的样书了。感念朋友们对这本旧著的兴趣，我网购了若干本赠送。友人建议，既然这本书仍有自己的读者，就证明它仍有生命力，何不再版重印！
>
> 尽管工作性质和工作岗位几多变化，但我作为一个文学爱好者、文艺评论和学术研究工作者，一直关注着冯至研究乃至现当代诗歌、现当代文学研究和文艺美学理论研究的进展和动态，对《冯至评传》仍然具有的学术影响颇为自信。为了尊重自己青春的学术历程，为了延续《冯至评传》至今仍有的学术生命力，我遂决定再版重印。
>
> ……
>
> 时光如水亦如尺。今天看来，原著的个别甚至少数观点或许过时，但许多见解乃至原著整体在学术上仍然是立得住站得稳的。尊重历史和个人的学术纪程，我决定一是对初版的个别

文字表述、校对错漏予以校正，二是将当年冯至先生与我的通信悉数整理后作为附录（由于工作多次变动和多次搬家，当年个别的书信未能完整地收入《冯至全集·书信卷》中，这次算是补漏，一并依时间为序全部收入）。①

应当说，蒋勤国的《冯至评传》的再版是带有纪念意义和回馈读者意味的，这也属于现当代诗人传记修订、再版的常态。

除了《冯至评传》的情况，另一些现当代诗人传记的修订、再版与出版社的策划和推动有关。以贺仲明的《何其芳评传》（2012）为例：

> 《何其芳评传》能够得到机会修订再版，确实深感高兴。一则由于某些原因，原书当初所属的丛书未能完整出版，致使出版社无法按原计划做宣传，图书的发行和影响上都受到很大限制。许多外地的读者知道了书名，却无法买到书。我在读者与出版社之间还做了好几次"二传手"；二则由于自己的学识限制和态度的欠严谨，原书中存在一些不足甚至小的讹误。虽然不能说现在自己的水平有多少提高，但能够有机会对以前的缺憾做出改正和弥补，确实有一种轻快感。所以，非常感谢南京大学出版社，更感谢丁帆师的大力推荐。②

《何其芳评传》曾于 2004 年在南京师范大学出版社出版，原名为《喑哑的夜莺——何其芳评传》，系 "20 世纪文化名人精神评传丛

---

① 蒋勤国：《〈冯至评传〉再版后记》，光明日报出版社，2015，第 331~332 页。
② 贺仲明：《〈何其芳评传〉后记》，南京大学出版社，2012，第 370 页。

书"之一。此版"丛书"设计时还包括《本真的自由——林语堂评传》《悲壮的启蒙——胡风评传》《文章满纸书生累——邓拓评传》，但后两种并未出版。新版《何其芳评传》于 2012 年在南京大学出版社出版，执行主编为南京大学丁帆，系"中国现代文化名人评传丛书"之一。对比"旧版"，新版《何其芳评传》在许多论证观点上做了改正，这使得该书在质量上有相当程度的提升。贺仲明的《何其芳评传》在出版社策划丛书的基础上获得再次修订、再版的机会，这说明物质基础、客观因素同样可以影响现当代诗人传记的再次出版，并能起到提高传记的质量、实现传记家理想的作用。

三　"版本"的考辨与"善本"的选择

将现当代诗人传记确定为一种文学史料之后，其在进入具体的研究视野时必然会面对一个考订辨伪的问题。无论将现当代诗人传记作为研究对象，还是将其作为研究的参考文献，对其所述史实的考辨都是无法回避的。不仅如此，现当代诗人传记的史料价值还需借助诸如版本学、校勘学、考据学、辑佚学、目录学、注释学等研究方法，通过版本的考辨、互照等找出其中的"善本"①，实现其价值。上述过程就现当代诗人传记这一具体的文学史料来说，至少包括个体纵向式和整体横向式两个主要方面。本部分主要围绕第一方面展开。

从史料价值层面对现当代诗人传记进行版本考辨，很容易让人想到如下两种情况，即同一著者在不同时期出版的同一传主之传记

---

① "善本"是形象的说法，仅强调内容且通过对同类或相关传记版本进行比较所得，仅具有相对含义，与古代典籍中的"善本"不同。

各版本的价值评判，及不同著者在各个时期出版的同一传主之传记各版本的价值评判，而将两种情况放在一起进行探讨，又以"他传"形式最为恰当。以"郭沫若传"为例，从1932年现代书局推出李霖编的《郭沫若评传》至今，由他者所著的各种类型的"郭沫若传"已达百种之多。对不同版本的"郭沫若传"进行史料价值的考辨，选择其中的"善本"或是有价值的叙述，显然涉及对出自不同时期、不同著者之手各式"郭沫若传"的比较，也涉及对同一著者在不同时期出版的同一种"郭沫若传"（初版和再版、修订版、第三版以及更多版）的比较。仅从数量而言，对上百种"郭沫若传"进行考辨是一件工程浩大的事情，但从另一角度看，问题却并不那么复杂、困难。这是因为"郭沫若传"是现代出版印刷业的产物，而现代出版物基本上是铅字印刷本，使用现代白话文，阅读起来十分方便，同时其出版时间、存世数量等查找起来也较为容易。由"郭沫若传"出版的情况看现代诗人传记的版本考辨问题，同一诗人的所有传记版本最直观的区别就是版本的外在形式，而后才是内容。① 但现当代诗人传记史料价值最终取决于传记的文字和内容，是以，面对这些

---

① 关于这一观点，本书借鉴了谢泳在《中国现代文学史研究法》中论述"中国现代文学史料中的‘版本’"时的一些观点，即"我个人认为，中国现代文学中的版本问题，首先体现在它的形式方面，比如装帧、设计，其次才是它的内容。这不是说中国现代文学中的版本问题不重要，而是因为中国现代文学是以现代印刷为基本存在前提决定的，现代印刷的主要特点一是量大，二是类同，除了极特殊情况外，中国现代文学中重要作品的存在形式本身并不复杂，相对容易说清楚。另外中国现代文学史白话文学，不同版本在文献方面的错讹处时有存在（特别是在初版与再版之间以及与原发报刊间的差异），但一般很少发生理解方面的歧义，这是它与中国古籍的最大区别"（广西师范大学出版社，2010，第176页）。这些观点从直观来看，是说得通的，但如果着眼于现当代诗人传记这一文学史料，则需要在很多方面拓展与深入，这是由现当代诗人传记既有历史特点又有文学特点决定的。

"郭沫若传"，主要应从引用材料是否新而全、注释是否精准、结论是否正确、有无新的发现、文字有无错讹等方面进行判定。

对任何一种文学史料的考证都对考证者本身提出了很高的要求，对"他传"这种经过材料"再加工"而得出的非第一手文学史料尤其如此。考证者需要对所要考证的传主有很深入的了解，方可评判传记的优点和问题所在；而与之相应的是，传记本身是否在发现新材料的过程中具有参考价值，是否对此前版本涉及的一些悬而未决的事情给予令人信服的解释？综合这些因素，或许很容易得出经历多年准备、出自研究者之手、内容多而全的传记，会是众多同一传主传记中的优秀之作的结论。这个结论笼统而谈并不会有太大问题，但谈判一部传记是否具有史料价值，仅仅依靠内容的丰富与否、信息量的多寡是不够的，仅仅因为内容丰富、信息量大就认为是优秀之作也不够客观全面，"量"的增长可能会由史实放大、过度想象与虚构造成，并不能完全说明"质"的优越。除此之外，一部传记的史料价值还可以体现在其是否具备不断和历史对话的能力，以及传记生成过程中是否有人为或技术上的原因造成的价值缺失等。是以，考辨不仅需要鉴别的能力，还需要发现的能力。

鉴于现当代诗人传记种类多、数量大，从版本考辨中经常遇到的一些问题来反观自身不失为一种有效的策略。现当代诗人传记写作是在 20 世纪 80 年代之后逐步走向繁荣的，但以历史的眼光看来，80 年代（包括前后几年）出版的现代诗人传记究竟还有多少史料价值呢？这个问题及其答案其实涉及了历史对现当代诗人传记这一文学史料的影响。经历了特定的年代之后，于 80 年代复苏的现当代诗人传记写作在一定程度上显示出小心翼翼的状态。造成这种状态的原因是多方面的，或者是原始材料发现得不够，或者是为尊者讳，或者是一味地褒扬，或者是替传主辩解……这都可能影响现代诗人传记史料价值。以"郭沫若传"的写作为例，1928 年鲁迅与创造社进行论战时，《创造月刊》2 卷 1 期曾发表了署名"杜荃"的《文艺战线上的封建余孽》一文。"杜荃"是谁？很多人认为是郭沫若。据说有人还曾为此事问过晚年的郭沫若，郭沫若既未承认也未否认。事实上，如果从鲁迅 1934 年 5 月 15 日写给杨霁云的信，张资平当年文章，即《答黄棘氏》提供的"旁证"，以及此文的风格看，可以断定出自郭沫若之手，但从研究特别是考证的角度，则很少有人愿意在郭沫若生前断言此事。在 1986 年 10 月由北京语言学院出版社出版朱金顺所著的《新文学资料引证》一书中，著者除了引用 1981 年人民文学出版社出版的 16 卷本《鲁迅全集》第四卷第 220 页注释的"结论"外，还综合了 1979～1980 年三篇有代表性的考据文章的观点，从笔名使用、文章内容、文章风格、张资平当年的文章、鲁迅的书信与文章、郭沫若自己笼统的默认，共六个方面确定"杜荃"就是郭沫若。[①] 确定"杜荃"的身份显然对郭沫若研究有重要的意义，能够解开文学史上多年的悬案。《鲁迅全集》、朱金顺在《新文学资料引证》中提到的代表性文章以及朱金顺本人在该书中的论证，对于长期研究郭沫若、搜集郭沫若材料、准备为其立传的人来说，获知这些信息并不是太难的一件事情。然而，从 80 年代出版的几部"郭沫若传"的情况来看，卜庆华的《郭沫若评传》（湖南人民出版社，1980 年版）、陈明华编著的《郭沫若》（黑龙江人民出版社，1982 年版）、陈永志的《郭沫若传略》（上海文艺出版社，1984 年版）、张毓茂、钟林斌的《文学巨星：郭沫若》（四川人民出

---

① 朱金顺：《新文学资料引论》，北京语言学院出版社，1986，第 60～62 页。

版社，1984 年版）、蔡宗隽的《郭沫若生平事略》（时代文艺出版社，1985 年版）、黄侯兴的《郭沫若》（人民出版社，1986 年版）、孙党伯的《郭沫若评传》（人民文学出版社，1987 年版）、龚济民、方仁念的《郭沫若传》（北京十月文艺出版社，1988 年版）、唐先圣的《绝代风流——郭沫若传》（北岳文艺出版社，1989 年版）等，均未提及此事。这不能不说是 80 年代"郭沫若传"写作令人遗憾之处。至于"遗憾"的原因，究竟是材料搜集不够，还是研究动态把握不够，还是为尊者讳？或许只有访问传记著者本人才能知道，但无论怎样，80 年代的"郭沫若传"并未全面呈现郭沫若的一生，内有很多悬置"节点"尚未揭示，这当然会影响"郭沫若传"的史料价值。

上述彼此相关联的几点从传记的时代性、传记家立场等方面影响了现当代诗人传记的史料价值，而记忆模糊导致失误同样可以影响现代诗人传记史料的价值。以边建松《海子诗传：麦田上的光芒》（2010 年版）和燎原《海子评传》（二次修订本，2011 年版）两部"海子传"中关于海子生日的考证性叙述为例：边建松在考证海子生日时列举了五种说法，分别是：其一，燎原的《海子评传》，"1964年 2 月 19 日出生于前边所描述的查湾。这个日期作为最基本的个人资料标明在他的身份证上……这里的 2 月 19 日指的是农历，按公历算是 4 月 1 日"；其二，西川《海子诗全编》后记中所言"4 月 2日"；其三，余徐刚《海子传》中提及的"1964 年农历二月十三日（公历 3 月 26 日）中午"；其四，某人的"3 月 25 日"；其五，"海子自己在 1984 年创作《河流》后记《源头和鸟》中特别提到写作时间'3 月 13 日生辰'几字，这是海子唯一提到自己生辰的具体时间。1984 年 3 月 13 日是农历二十一，由此推算应该是公历 1964 年 3月 24 日"。然后，作者依据海子的说法确定海子的生日为 1964 年 3

月 24 日，同时以金肽频的说法进行佐证："《安庆日报》社的金肽频先生在《海子纪念文集》后记里，也考证出海子生日在 3 月 24 日，并且特意说明经过海子父母的反复回忆。所以这个日期是比较准确的，我们在这里采用这个说法。"此外，边建松还指出："我们之所以要明确海子生日，是因为个别论者因错误的日期而造成误读，比如'海子是一个愚人节出生的孩子'，比如'海子的生日忌日在同一天'；甚至延伸出错误的判断，比如有读者摘录《诗人的最后之夜》中'我的生日/死亡之日'的句子作为海子命运预言性质的诗句，这是很可笑的断章取义。"①

与边建松的结论相同的，是燎原在《海子评传》（二次修订本，2011 年版）中的修订：

> 关于海子的生辰，我在《扑向太阳之豹：海子评传》（南海出版公司 2001 年 4 月出版）和《海子评传》修订本（时代文艺出版社 2006 年 1 月出版）中都这样写道："海子 1964 年 2 月 19 日出生于前边所描述的查湾。这个日期作为最基本的个人资料，标明在他的身份证上。但据其父亲介绍，这却是一个以农历记时的日期，也是早先的农村人常规性的生日记时方式。这样，海子的出生日期若以我国户籍档案制度规定的公历来记，当是 1964 年 4 月 1 日。"这个说法，我当然认为就是铁的事实。但在此后相继出现的有关海子研究的出版物上，对这个问题却众说纷纭，莫衷一是，甚至在同一个作者的笔下竟相互矛盾。比如在余徐刚的《海子传》中（江苏文艺出版社 2004 年出

---

① 边建松：《海子诗传：麦田上的光芒》，江苏文艺出版社，2010，第 4~5 页。

版），其封面勒口处关于海子的介绍为："1964 年 5 月生于安徽省怀宁县高河查湾"，但在该书的末尾却是这样的表述："1989 年 3 月 26 日，这天是海子的公历生日。一大早……"对于这一矛盾的表述，我在书写《海子评传》修订本时并未特别在意……但是，其他人在这个问题上的不同说法呢？他们的根据又是什么？

在对这部书做第二次修订的此刻，也就是 2010 年 11 月 12 日傍晚，我拨打了查湾海子父母家中的电话。接电话的是查振全老人。当我再次核对这个问题时，查振全的回答却让我大吃一惊。他说：海子的生日是 1964 年农历 2 月 11 日。这件事，海子的母亲在去年县里办的诗歌朗诵会上，当着众人的面专门做了说明。我问：那么，海子身份证上的时间是怎么来的，他自己还不清楚吗？答曰：海子这小子他记混了。

所谓"去年县里办的诗歌朗诵会"，是 2009 年 3 月 26 日，在海子去世 20 周年时，由怀宁县委宣传部举办的"中国海子诗歌研讨会"。研讨会前我接到了邀请，其间海子的二弟查训成又数番电话催促，但我终因其他琐事未能成行。而海子的母亲在由官方首次举办的这个研讨会上特别说明此事，显然也曾多次遇到了大家对这个问题的询问，故而在这个官方举办的研讨会上，做出这一郑重其事的权威发布。毫无疑问，一个人生日最可靠的知情者，并不是他本人，而只能是他的母亲。

那么，海子的生日按公历来记，便是 1964 年 3 月 24 日。

到此为止，我想这个问题将从此不再成为问题。①

---

① 燎原：《海子评传》（二次修订本），中国戏剧出版社，2011，第 15～16 页。

之所以花如此篇幅去说明两部"海子传"中关于海子的生日问题，是因为：其一，对于任何一部人物传记来说，生日都是一个需要正确交代的"史实"；其二，上述两部"海子传"在确定海子生日的过程中，都进行了多方考证甚至前后几本传记之间的考证，这涉及不同版本的"海子传"的比较，本身就是版本考辨和"善本"生成的过程；其三，二者都得出了令人信服的结论，有助于终结争议，并以此提升传记的史料价值。

除上述两个主要方面外，现当代诗人传记的史料价值还受到人为的、技术的影响。以笔者藏有的《卞之琳评传》为例，该传于1998年11月在重庆出版社出版，系"中国现代作家评传"之一，著者陈丙莹。由于排版技术的原因，此书前后文字错误有数十处之多。恰好笔者买到的这本《卞之琳评传》是著者陈丙莹赠给某专家的书，出于纠正的目的，陈丙莹用笔对于书中错误之处进行了更改，从中可以看出该传因人为技术导致的错误十分明显：既有一般叙述上的文字错误，也有引用传主诗句以及诗名、文献的错误。因排版技术造成的错误，如果只是一般叙述的文字，也不会存在太大的问题，因为它不会造成理解上的歧义；但若是引用传主诗句以及诗名、文献的错误，产生的影响则是非常大的，传记本身的史料价值也会因而降低。

在围绕"他传"述析现当代诗人传记的版本考辨之余，需要补充的是，现当代诗人自传其实也有版本考辨的问题，只不过这种考辨仅存在一种情况，即对传主在不同时期出版的同一传记各版本的考辨。部分现代诗人由于种种原因，在生前多次出版个人自传且由于时代、社会等原因每次都有修订。在此前提下，其自传就存在版本问题，需要考辨了。仍以"郭沫若自传"为例，1982～1992年由人民文学出版社陆续出版的《郭沫若全集》"文学编"20 卷所包括的《郭沫若自传》历来是学者进行郭沫若自传研究和郭沫若生平、思想研究的重要文献，其后出版的各种《郭沫若自传》从未超过其规模和内容。《郭沫若全集》"文学编"中收录的《郭沫若自传》主要集中于 11、12、13、14 卷，皆为 1992 年出版，且主要以 1958 年、1959 年人民文学出版社出版的《沫若文集》中的自传部分（分别为6、7、8、9 卷）为底本，并对照初版本和其他版本进行校勘，重大改动之处加注说明。应当说，这样的校勘、编排方式使《郭沫若全集》"文学编"中收录的《郭沫若自传》四卷本有了质量的保证，但即便如此，该版自传在作为史料加以应用时仍有两点需要注意。其一，是 1992 年版的四卷《沫若自传》与 1958 年、1959 年出版的《沫若文集》中的四卷本《沫若自传》并不完全一致。比如，在"第十二卷说明"中，就有"以上五集（笔者注：指《我的学生时代》《创造十年》《创造十年续篇》《今津纪游》《水平线下》）和《山中杂记》、《路畔的蔷薇》以及《集外》合编为《沫若自传·第二卷》——《学生时代》，收入一九五八年八月人民文学出版社出版的《沫若文集》第七卷。《山中杂记》、《路畔的蔷薇》以及《集外》今编入本编第十卷，本卷不再收录。"① 在"第十三卷说明"中又有"上述各篇（笔者注：指《归去来》中的《浪花十日》《东平的眉目》等）与《鸡之归去来》等三篇辑为《归去来》，一九四六年五月由上海北新书局出版。《鸡之归去来》等三篇今收入本编第十卷，本卷不再收录。"② 在"第十四卷说明"中则有"以上三集（笔者注：指《洪波曲》《苏联纪行》《南京印象》）和以《芍药及其

---

① 《郭沫若全集》第 12 卷之"第十二卷说明"，人民文学出版社，1992，第 1~2 页。
② 《郭沫若全集》第 13 卷之"第十三卷说明"，人民文学出版社，1992，第 1 页。

他》为题的一辑散文合编为《沫若自传·第四卷》——《洪波曲》，收入一九五九年九月人民文学出版社出版的《沫若文集》第九卷。《芍药及其他》今编入本编第十卷，本卷不再收录。"① 这三个"说明"表明此版《沫若自传》与20世纪50年代的《沫若自传》并不一致，若严格来说，在具体实践中应两相校对方能使用，何况，《郭沫若全集》中的第10卷是于1985年出版的，与其后四本时间距离较远。

其二，《郭沫若全集》中四卷本《沫若自传》，虽每本前有"说明"，尽量交代每一个组成部分的来龙去脉和版本变迁，但如果逐一对照，会发现其交代的不全。以"第十一卷说明"中的第一段为例："《我的童年》写于一九二八年，一九二九年四月由上海光华书局初版发行，题为《我的幼年》；一九三三年改名为《幼年时代》，由上海光华书局印行；一九四二年八月以《童年时代》为名，由重庆作家书屋出版。"② 这段话在介绍《沫若自传》第一卷《少年时代》中《我的童年》部分本身没有问题，但《我的童年》在历史上出现的版本却远多于此。如称之为《我的幼年》时，还有文艺书局1931年4月的版本；称为《童年时代》时，还有上海合众书局1940年的版本。此外，按照1992年《沫若自传》的版本"后话"中还有页下注释："《我的幼年》出版后，被上海国民党检查机关查禁。一九三三年上海光华书局再版时，改名《幼年时代》，将最后两行删去。一九四七年作者将本篇编入《少年时代》时，恢复这句话。"③ 这些都

---

① 《郭沫若全集》第14卷之"第十四卷说明"，人民文学出版社，1992，第1页。

② 《郭沫若全集》第11卷之"第十一卷说明"，人民文学出版社，1992，第1页。

③ 郭沫若:《〈我的童年〉后话》，载《郭沫若全集》第11卷，人民文学出版社，1992，第159页。

表明：采取不同版本，可能会得到不一样的结论，只有在整体上把握其全貌并说明使用的版本，才能使结论正确，为人所信服。

四　"跨版本"比较、互见与释疑

与纵向选择同一现当代诗人不同的传记版本进行对照相比，对相关人物的传记进行横向的版本比较也是现当代诗人传记史料应用的一个重要方面。毕竟，有一些特殊情况，比如传主生平存疑，还有一些文坛、文学史"公案"或"悬案"，涉及的人物往往较多，对上述"事件"进行考证，需要有跨版本视野。从多角度"取证"，不仅可以避免"孤证"现象，而且可以避免单一视角，降低作传者的主观影响，上述过程也相当于对优秀传记版本进行了选择并形成了适度的迁移。

徐志摩的爱情故事历来为人所津津乐道，更是中文专业现代文学史教学中青年学子感兴趣的话题之一。一般地说，对徐志摩与张幼仪、林徽因、陆小曼之间的爱情故事进行梗概式的讲述不会有太大问题，因为从徐志摩的角度说，这三段爱情故事都是成立的。但若从史实考证和传记书写角度来看，上述故事特别是徐志摩和林徽因的情感关系则还有很多问题值得探讨，不仅如此，鉴于很多人常常从爱情的角度解读徐志摩和林徽因的诗歌创作且多有牵强附会之处，所以，围绕此而展开的考证与澄清还将影响到对二人品格与创作的评价。

徐志摩于1920年秋离美赴英求学，遇见林徽因（当时尚称林徽音），并在不断交往过程中坠入爱河，这段情感经历在不同版本的"徐志摩传"中都有记录且时有渲染之处。不过，在我们认同徐志摩追求林徽因时，林徽因当时的态度或曰回应究竟是怎样的呢？回答这个问题，除了可以对徐志摩是"单恋"还是许多传记上记录的徐、林"相恋"进行解惑，还会涉及一系列相关的问题。

谈及徐志摩、林徽因在英国的爱情故事，以往大致有两种主要观点，第一种观点可以以"相恋说"概括，其代表可举陈从周的《徐志摩年谱》。《徐志摩年谱》于"一九四九年九十月间"在上海"悄悄问世"①，此书初为小三十二开本、平装，仅百余页，无版权页，系非正式出版物。后由于社会巨变、文学史评价等原因，直到整整三十二年后，才由上海书店推出此书的修订版，并逐渐引起现代文学研究界的重视。在《徐志摩年谱》的传播过程中，人们逐渐了解到陈从周与徐志摩颇为复杂的亲缘关系②，所以，其记录多为后人征引、确信也并不让人感到意外，而涉及徐、林爱情故事时被引用最多的一句即为："从周再案，十年林徽音在英，与志摩有论婚嫁之意，林谓必先与夫人张幼仪离婚后始可，故志摩出是举，他对于徽音倾倒之极，即此可见……"③ 与这种观点相对的，是林的子女对此给予的否定。如梁从诚在回忆性文章《倏忽人间四月天》中，就曾指出："当徐志摩以西方式诗人的热情突然对母亲表示倾心的时候，母亲无论在精神上、思想上、还是生活体验上都处在与他完全

---

① 陈子善：《〈徐志摩：年谱与评述〉序》，载陈从周著、陈子善编《徐志摩：年谱与评述》，上海书店出版社，2008，第1页。

② 主要指陈从周的《记徐志摩》一文，写于1981年8月3日，文中有"志摩父申如先生，是我妻蒋定的舅舅，又是我嫂嫂徐惠君的叔叔，我是由我嫂嫂抚育成人的，因此有着双重戚谊"。陈从周著、陈子善编《徐志摩：年谱与评述》，上海书店出版社，2008，第131页。

③ 陈从周著、陈子善编《徐志摩：年谱与评述》，上海书店出版社，2008，第32页。

不能对等的地位上，因此也就不可能产生相应的感情。"① 除此之外，他还引用过林徽因后来说的话，表明当时徐、林之间不可能产生爱情。②

对于第一种观点，如果仅从"徐志摩传"的写作来看，徐、林真的"相爱"会占很大比重，但像宋炳辉的《新月下的夜莺：徐志摩传》（1993）、姜涛的《徐志摩图传》（2012）、韩石山的《徐志摩传》（2014）则很明确地表明对于徐之热恋，林没有给予对等的回答或者说可笼统称为晦暗不明。不仅如此，这个为后人津津乐道的故事，一旦深入下去，则会发现：其实还有很多问题需要考证。限于篇幅，此处仅举三例。其一，徐志摩何时与林徽因相识，徐何时产生爱情以及这个过程与徐志摩和张幼仪离婚的关系。关于徐志摩和林徽因结识历来有两种看法，一种看法是 1920 年 10 月之后、秋冬之际；另一种看法是 1921 年春天。从时间上看，两者相差没有几个月，但实际上中间还有一个重要的"介入"，即张幼仪于 1920 年冬天远赴重洋来到英国。"如果按前说，徐志摩是因为爱上林徽音而与张幼仪离婚的；如按后说，则志摩是因为厌倦于张幼仪才去追求林徽音的。这里的区别似乎还是不大，因为很有可能两种原因同时存在。只是有一点比较重要，那就是志摩在什么时候决定与张幼仪

---

① 梁从诫：《倏忽人间四月天》，载梁从诫编《林徽因文集》（文学卷），百花文艺出版社，1999，第 420 页。

② 对于这些话，本书同样依据梁从诫的《倏忽人间四月天》。在该文中，梁从诫曾记述："母亲后来说过，那时，像她这么一个在旧伦理教育熏陶下长大的姑娘，竟会像有人传说地那样去同一个比自己大八、九岁的已婚男子谈恋爱，简直是不可思议的事。"此外，还有借林徽因之口进行的分析："徐志摩当时爱的并不是真正的我，而是他用诗人的浪漫情绪想象出来的林徽因，可我其实并不是他心目中所想的那样一个人。"梁从诫编《林徽因文集》（文学卷），百花文艺出版社，1999，第 420 页。

离婚而去向林徽音求婚的。这对理解传主在婚变中的心理历程，及其对浪漫之爱的宣扬与追求的实质是很有意义的。"① 依据宋炳辉的论述，我们不难推究徐志摩让张幼仪来英究竟是真情还是"诡计"，同时，也会推想徐志摩当时究竟是做浪漫的"壮举"、以现代婚姻观念做支撑，还是基于中国传统男性婚姻观念而实际上对林徽因的爱并不纯粹，以至于后者无法接受并涉及道德品格的问题。宋炳辉后来曾在同一本传记中结合冰心的回忆以及林长民送林徽因去苏格兰后归国、与徐志摩不辞而别等事实，并通过六点理由说明徐、林当时的情感纠葛及各自所处的位置②，且在多年后重新出版该传时仍"不改初衷"③，他的态度其实是非常明确的。

　　与以宋炳辉为代表的"徐志摩传"中的书写与考证不同，王晶晶在其《客厅内外——林徽因的情感与道路》中则在考证林长民给徐志摩的两封信及联系徐志摩的《我所知道的康桥》和林徽因的《悼志摩》两篇文章，认为徐志摩和林徽因相见应当在 1921 年 1 月，这与张幼仪来英的时间相差无几。因此，徐志摩邀张幼仪前来绝非预谋离婚许久，但与林徽因的相识，也成为徐志摩与张幼仪离婚的直接原因。著者最终推究出的"极有可能"的情况是："在伦敦，林徽因面对徐志摩热烈的情感并非没有回应，也从未断然拒绝，而是心谐目成，后来鱼雁传书、心照不宣，同样林长民不但没有严词厉色反而和徐志摩时有通信……"④ 但徐、林之恋的失败却来自林徽因家庭的阻力和林氏父女冷静后的思考。"林徽因有没有爱过徐志

----

① 宋炳辉：《新月下的夜莺：徐志摩传》，上海文艺出版社，1993，第 66 页。

② 宋炳辉：《新月下的夜莺：徐志摩传》，第 89～90 页。

③ 指宋炳辉的《徐志摩传》，复旦大学出版社，2012。

④ 王晶晶：《客厅内外——林徽因的情感与道路》，东方出版社，2011，第 147～148 页。

摩，和她有没有破坏他的婚姻、答应嫁给他，完全是两回事，是两个系统的问题；她的维护者们一触即发地矢口否认林徽因爱过徐志摩，无非为了在另一个系统替她作道德辩护，其实丝毫没有必要，因为这两个系统从来不执行同一个评价标准。而通过否认事实（无论故意歪曲还是无意自欺）来维护道德或声誉，更是不明智的举动，因为一旦真相越来越清楚，原本没有问题的'道德'，也会变得疑窦丛生。"① 显然，王晶晶通过反复地考证，在自己的"林徽因传"中得出了另一种结论。

第二个问题，对于徐志摩的追求，当时身在伦敦的林徽因持有怎样的态度、如何回应，及应当对这种态度、回应如何判定的问题。解答这些问题显然不能只相信"徐志摩传"，即便是那些并不承认"相恋说"的版本，相反要引入"林徽因传"及相关材料作为参考。如果采用跨版本比较的方法求证上述事实，现有的三种关于林徽因的传记，即费慰梅的《林徽因与梁思成》（2010 中译本，成寒译，原书为 *Liang and Lin，Partners in Exploring China's Architectural Past*，1994，可译为《梁思成与林徽因——一对探索中国建筑史的伴侣》）、陈学勇的《莲灯诗梦林徽因》（2008）、王晶晶的《客厅内外——林徽因的情感与道路》（2011），确实在这方面提供了较为有力的"证据"。

费慰梅是研究中国古代艺术与建筑的美国学者，美国著名汉学家费正清的夫人，是林徽因和梁思成的挚友，在林徽因生前又有多封书信来往。她的话自然可信度很高。在《林徽因与梁思成》一书中，费慰梅提及：

---

① 王晶晶：《客厅内外——林徽因的情感与道路》，第 156 页。

多年后听徽因提起徐志摩，我注意到她对徐的回忆总是离不开那些文学大家的名字，如雪莱、济慈、拜伦、曼殊斐儿、伍尔芙。我猜想，徐志摩在对她的一片深情中，可能已不自觉地扮演了一个导师的角色，领她进入英国诗歌和英国戏剧的世界，新美感、新观念、新感觉，同时也迷惑了他自己。我觉得徽因和志摩的关系，非情爱而是浪漫，更多的还是文学关系。

在我的印象里，徽因是被徐志摩的性格、热忱和他对她的狂恋所迷惑。然而，她只有十六岁，并不是像有些人想象得那般世故。她不过是父亲身边的一个女学生而已，徐志摩的热烈追求并没有引起这个未经世事的女孩子的对等反应。他的出现只是她生活里的一个奇遇，不至于让她背弃家里为她已经选好的婚姻。①

这是被引用最多的一段。除此之外，还要关注下面几段文字：

可能就在这个时候，徐志摩对徽因说他想离婚，并向她求婚。她爱慕他，也景仰他，他打开了她的视界，唤起了她的新感情和新向往，她当然对他也充满了感激。至于婚姻呢？思成曾亲口对我说，不管这段插曲造成了什么困扰，但多年来，徽因和她伤透了心的母亲同住，使她一想起离婚就恼火。在这起离婚事件中，一个失去爱情的妻子被抛至一旁，而她却要去顶替这个位置。徽因无法想象自己将走进这样一种人生关系，她自然联想到母亲的羞辱。

---

① 〔美〕费慰梅：《林徽因与梁思成》，成寒译，法律出版社，2010，第15～16页。

徐志摩放荡不羁的"野马"脾气的危险，梁任公当然也清楚。徐志摩在一九二二年三月离了婚，他想娶的却是梁启超为他自己儿子相中的女人。梁启超写这封长信给徐志摩的目的：一方面要谴责其抛弃妻子，另一方面是为了保护徽因和思成，使他们不受徐志摩的影响而乱了方寸，伤了自己。信中无一字提到徽因，但要徐志摩"万不能把他人之苦痛，易自己之快乐"，不要"沉迷于不可必得之梦境"。

徽因依然敬爱着徐志摩，但她的生命已经牢牢和思成联系在一起了。①

以上这几段文字同样是一个旁证，也表明了一种态度。由于翻译的原因，也许我们看到的中译本未必精准地将费慰梅的原意翻译过来，比如王晶晶在《客厅内外——林徽因的情感与道路》一书中，就对"她爱慕他"这句话给予了关注，强调费慰梅对 love 一词的使用②，等等。从大致意思还是可以看出：对于徐志摩的热恋，林徽因是有所触动的，但鉴于内外多种原因，林没有最终给出承诺。事实上，只要反复阅读上述援引费慰梅的话，便不难看出其前后也有矛盾之处。也许，费慰梅近乎无意识的回忆，恰恰道出了当时林徽因矛盾的心理："这是一场女中学生式的爱情，透着浓烈的青春的气息，被对爱与美的理想和追求裹挟着，这段纯真挚诚的爱却不能导向婚姻。"③ 由此，如果强调家庭、地位以及林徽因的年龄因素，则会得出"没有相恋"之说，但"没有相恋"是指向爱，还是指向婚姻？

---

① 〔美〕费慰梅：《林徽因与梁思成》，成寒译，第 17、21 页。

② 王晶晶：《客厅内外——林徽因的情感与道路》，东方出版社，2011，第 155 页。

③ 王晶晶：《客厅内外——林徽因的情感与道路》，东方出版社，2011，第 156 页。

显然还存在一个程度问题、结果问题，而单纯就爱来说，进行道德辩护是无法说明问题的。

与《林徽因与梁思成》相比，近年来在林徽因研究方面取得突出成绩的陈学勇并不认同伦敦时期林徽因与徐志摩相恋。为此，他在写传之前专访了两位健在的徐志摩、林徽因的友人即陈岱荪和陈意，结果两人全部否认。陈学勇也曾引用过费慰梅的观点和张邦梅《西服与小脚》一书中的观点。此外，金岳霖、凌淑华以及近年来披露的陆小曼日记稿本的结论，林徽因在徐志摩死后给胡适的信，陈学勇都进行了引用，加以佐证。① 而王晶晶在《客厅内外——林徽因的情感与道路》一书中，将徐志摩与林徽因的感情纠葛分为伦敦、泰戈尔访华、1930 年至徐生命最后三幕。作者认为第三幕即 1930～1931 年林徽因在香山静养时，徐与林的感情因为各自的成长、婚恋而有所发展，但这种心灵的相爱又因徐志摩的意外去世而画上句号。同时，作者对陈从周《徐志摩年谱》中那段著名的话进行的分析也颇有新意。②

第三，"八宝箱"悬案。"八宝箱"事件是至今尚未完全揭开谜底的文坛悬案，涉及人物众多，之前曾在部分"徐志摩传"的书写中出现过，但由于事情本身发生在徐志摩去世之后，故文字不多，但在近年来相关人物的传记特别是"林徽因传""凌淑华传"中，"八宝箱"悬案多被浓墨重彩、引人向往。"八宝箱"又称"文字因缘箱"，是指徐志摩生前有个存放文稿和日记的小提箱。徐志摩十分珍视这个箱子，认为内藏材料可作为自己传记写作的重要文字资料。

---

① 陈学勇：《莲灯诗梦林徽因》，人民文学出版社，2012，第 2 版，第 39～45 页。
② 王晶晶：《客厅内外——林徽因的情感与道路》，东方出版社，2011，第 107～110、148 页。

该箱一直由凌淑华保存，其中最引人瞩目的东西是徐志摩当年在伦敦用英文记的"康桥日记"两三本，还有陆小曼的日记两本。"康桥日记"在徐、陆相恋之前，里面内容不宜让陆小曼看见；陆小曼日记则写于徐、陆热恋期间，涉及很多人事是非，用的都是真名，其中又有不少骂林徽因的话，因此不宜让林徽因看见。但无论怎样，"八宝箱"在徐志摩去世之后，若要归还，理当归还陆小曼，因为从法律层面说，只有陆小曼才能合法拥有这份"遗产"。而事实上，陆小曼也曾连连给胡适写信索要此物，凌淑华也在胡适索要时提出将其交给陆小曼保管。但从结果上看，却非如此。在徐志摩死后，其生前许多好友在讨论追悼事宜时曾商议确定了编纪念集子、写传记等后续工作。当时胡适正在编辑"徐志摩遗著目录"，准备出版徐志摩"书信集"，因此在得知凌淑华有关于徐志摩日记的文件箱后，便亲自出面向凌淑华征集日记。既是胡适出面，凌淑华自是无法继续封存"八宝箱"了，但她的提议是交给陆小曼，并由当时与陆小曼同在上海的胡适转交。然而，胡适将"八宝箱"中的手稿视为"公器"，全部转给了林徽因，嘱其清理一下、编个目录。但不久，林徽因得知还有"康桥日记"这部分她最想看到的东西，方知凌淑华并未全部归还。她在登门索要不成的情况下，又让胡适出面，凌淑华只得交出剩下的日记，从胡适当天的日记中人们可以略知当时的情形：

> 为了志摩的半册日记，北京闹的满城风雨，闹的我在南方也不能安宁。今天日记到了我的手中，我匆匆读了，才知道此中果有文章。
>
> 我查此半册的后幅仍有截去的四页。我真的有点生气了。

勉强忍下去，写信去讨这些脱页，不知有效否。

后面是今早还日记的原书。这位小姐到今天还不认错！①

凌淑华是否将最后四页交给胡适，今天的人们已不得知，不过，她和林徽因结怨并得罪胡适却已成事实。"八宝箱"中的陆小曼日记最终归还了陆小曼，但"康桥日记"的大部分却一直在林徽因手中，后在"文革"期间"终于消失了，倒并不是出于红卫兵的打、砸、抢"②。

至此，"八宝箱"悬案的经过和结局已基本理清：由于此纠纷过程中林徽因、凌淑华、胡适、陆小曼等持有的立场不同，很难用一般的逻辑判定孰对孰错，但有一点是肯定的，胡适、林徽因凭借自己的地位、权利和临时结成的"联盟"取得了胜利。也许，"八宝箱"悬案真如后来卞之琳所言的不过是"一笔糊涂账""空闹一场"③；也许，可以像一些乐观的学者那样对"八宝箱"中一些日记文字有所期待。不过，无论怎样，"八宝箱"悬案从传记书写与合理的想象角度来看，至少有如下两点值得思考：第一，"康桥日记"不

① 曹伯言整理《胡适日记全编》第 6 册（1931—1937），安徽教育出版社，2001，第 172 ~ 173 页。

② 卞之琳：《徐志摩的"八宝箱"：一笔糊涂账》，原载《文汇读书周报》1994 年 1 月 15 日，后收于《卞之琳文集》（中卷），安徽教育出版社，2002，第 121 页。引文是卞之琳在 1982 年为一卷本《徐志摩（诗文）选集》写序时，特向金岳霖打听"八宝箱（文字因缘箱）"所得的"下落"。

③ 比如，在卞之琳的《徐志摩的"八宝箱"：一笔糊涂账》一文中，卞之琳还记录了如下文字："随后沈从文口头悄悄告诉我当时引起的小小风波，是空闹一场，'八宝箱'的内容，实际上无非与武汉大学的一位女教授有关的一些文字，不涉及疑神疑鬼、提心吊胆的几房女士。我庆幸自己把这桩案件一笔勾销了。"〔《卞之琳文集》（中卷），安徽教育出版社，2002，第 121 页〕

宜作为徐志摩和林徽因在伦敦相爱的"铁证"，因为即使看到日记中的文字也只是徐志摩自己的叙述，而林徽因在这场纠纷中反应过于强烈甚至不顾及名门淑女风范兴师问罪，则可作担心徐志摩日记中渲染过多或担心当时与徐志摩的故事被公之于众之解释；第二，"八宝箱"悬案属于真正意义上的"传记"故事，它通过传记完整呈现，又通过传记被广泛阅读、传播，对其做结论不能仅取信于"林徽因传"，还要对照"凌淑华传"，只有在跨版本的平行比较中才能将其最大限度地还原。

总之，通过本部分与前文的论述，我们大致呈现了传记作为一种史料在具体应用过程中的两个主要方面。需要强调的是，传记史料在文学研究中尽管具有重要的价值，但它仅具有参考价值，不能替代现当代诗人的作品。同时，现当代诗人的"他传"也无法与自传相比。现当代诗人传记史料在具体应用过程中还有很多方面，比如作传者与传主之间的关系、作传者是不是传主同时代的人、同一诗人的不同传记或不同诗人的传记对同一事情的记录究竟哪些材料更具可信度，等等。呈现这些内容，不仅与研究者对传记的理解和掌握程度有关，而且与研究者对被研究对象的文献及相关资料理解和掌握的程度有关。只是限于篇幅，本书无法一一赘述。

第四章　传记家的素养与传记
史料的关系

　　《现代传记学》曾将传记主体分为三类："书写主体"即传记家；"历史主体"即历史上出现的那个人，是传记活动的对象；"文本主体"是传记家和历史主体对话的结果，由传记写作塑造而成。三类主体关系密切而复杂，如果"书写主体"与"历史主体"一致，自传便产生了，但显然，由于文本篇幅和主体等的限制，自传也常常无法全部记录、呈现历史主体的生活历程尤其是隐私部分。与之相应的是，传记的"历史主体"和"书写主体"也仅具有名字上的一致性——文本主体"是传记家依据自己对历史主体的理解和认识，同时又用时代精神进行改造的结果。文本主体从历史主体而来，但是又不同于历史主体，他是传记家的产品，带上传记家个人的印记以及时代的和文学的色彩"①。由于持有的视角不同，传记"书写主体""历史主体""文本主体"之间的关系还可以从许多方面加以探讨，但不论怎样，这种关系中最具能动性的当属"书写主体"，即传记家。传记家同样是影响现当代诗人传记史料的

---

　　①　杨正润：《现代传记学》，南京大学出版社，2009，第 176 页。

重要维度，而本章以"传记家的素养与传记史料的关系"为题展开探究。

一　传记家的道德与写作伦理

传记家的道德应是传记书写中共同遵守的准则和规范，贯穿传记写作的始终。传记家的道德在具体呈现时可理解为一种写作态度。"写作传记应当有正确的目的，心术应当端正，应当出自公心，不能带有私利，对传主的记述和褒贬都应当公正，这也是麦卡锡所说的'传记家的誓言'的内涵。"① 拥有传记道德、铭记写作伦理，传记家有大量的工作要做，从素材、资料搜集到材料整理，从史实核实到实地考察，从具体的写作到后期的文字润色，传记家都要一丝不苟，与自己的写作对象坦诚相对。无论怎样，"忠实于历史事实"、写出真实的传主是其核心，道理说起来简单容易，但在实践过程中是最难做到的。

尽管，真实性追求在第一章已有论述，但相对于传记家，"真实"又有不同方面的表现和要求：

> 传记文学的历史真实性原则是这一独特文体最基本也是最重要的审美原则，它直接关系到人物传记艺术价值的实现。而要做到在一部传记中真实地再现主人公生平及人格的方方面面，却又不是一件容易的事情。即使是一位自信对某位传记对象最为了解的权威，未必就能写出一部符合历史真实的优秀传记。

① 杨正润：《现代传记学》，南京大学出版社，2009，第482页。

一部优秀传记文学作品的诞生，向传记作者提出了在个人学识、人格修养、历史责任感和工作能力等多方面的要求；而读者们判断一部人物传记的真实与否，除了根据自己个人对传记主人公以往的了解或是对作传者本人的了解以外，只能依赖于对传记家们的无限信任。这一切，都在鞭策着我们的传记家在这一充满艰难的道路上做出不懈的努力。①

既然不懈努力、掌握大量资料都未必能写出符合历史真实的传记，而传记一旦生成又成为读者取信的文献，那么，从"职业道德"的角度说，传记家确实要诚实、自律，在没有人监督的情况下保持一种客观而又积极的态度。正如前文提到的，抱有写出真实可信人物的传记理想，不断展开、修改、完善传记历史主体的生命历程，都可视为传记家受道德约束的结果，而主要从材料出发的过程就是传记家道德实现的客观要素。传记家的道德品格还受主体因素的影响，而由于主客观条件限制而造成的史实、资料方面的欠缺，可以允许有一定的范围，得到适度的理解，当然，还有一些因素成为有碍传记家遵守道德规范的"致命伤"。

早在1953年关于"传记文学"的讲演中，胡适就曾指出："中国的传记文学，因为有了忌讳，就有许多话不敢说，许多材料不敢用，不敢赤裸裸的写一个人，写一个伟大人物，写一个值得做传记的人物。"② 不敢说、不敢写，结果是无法呈现传主的全部，也就影响了真实再现传主性格的复杂性。但除"忌讳"之外，还有"美

① 李祥年：《传记文学概论》，安徽文艺出版社，1993，第85页。
② 胡适：《传记文学》（1953年1月12日台湾讲演），载耿云志、李国彤编《胡适传记作品全编》（第四卷），东方出版中心，2002，第242页。

饰"，正如杨正润在《现代传记学》中总结的那样："有违'传记道德'的情况中，忌讳和美饰是最常见的，这是传记写作中的痼疾，必须对此保持最大的警惕。"①造成"忌讳"和"美饰"的原因是多方面的：同时代人写同时代人的"负担"是其中之一，传主已有的地位、形象和评价是其中之一，可能承担的文字责任也是其中之一……这些内容涉及政治、文化、名誉、隐私等评价层面，无时无刻不影响着传记家的写作，而且与时代性有关。在现当代诗人传记发展史上，"郭沫若传"的书写很长时间内就存在这方面的问题。进入 21 世纪之后，由于历史获得相对稳定的沉积，以及观念的不断改变，"郭沫若传"呈现较好的发展态势。冯锡刚的《郭沫若的晚年岁月》（中央文献出版社，2004 年版）、蔡震的《文化越境的行旅：郭沫若在日本二十年》（文化艺术出版社，2005 年版）、贾振勇的《郭沫若的最后 29 年》（中国文史出版社，2005 年版）、冯锡刚的《"文革"前的郭沫若：1949—1965》（中央文献出版社，2005 年版）等传记文本的出现，使不同时段郭沫若的生平得到了更为具体生动的展现，而部分"郭沫若传"开始再版修订，则反映了传记家的道德其实是一个颇具历史感的话题。

当然，在其他一些现当代诗人如徐志摩、林徽因以及海子的传记写作中，我们又发现了另一种现象。为了追求市场利益，徐志摩、林徽因以及海子的情感隐私以及死亡又成为被反复渲染、过度书写的内容。现当代诗人生平的某一段或某一方面被过度消费，使传记家的道德走向了另一个极端，也因此涉及写作的伦理问题。

近年来现当代诗人传记迅速生产，已然超越学术型传记的增长

---

① 杨正润：《现代传记学》，南京大学出版社，2009，第482页。

势头，成为快消产品，因此有必要在促进传记写作和传记研究回归自身本质的过程中，讨论传记伦理问题。传记伦理主要是一种针对传记书写主体即传记家的行为约束，是传记书写主体对自身文学创作道德感的外化。它通过传记实践活动彰显，既不是一种文本意义上的道德说教，也不涉及传记写作者的个体道德；它是在传记写作过程中观念上要遵守、行为上要履行的原则，具有普泛的审美价值和理性价值；它是优秀传记文本产生的前提，又是评判传记文本优秀与否的重要依据。由于传记伦理是针对近年来部分现当代诗人传记的出版情况而提出的，所以，它在具有历史感、不断历史化的同时也具有鲜明的时代性特征；它主要围绕传记的书写主体展开，并以积极的、实践的姿态间接指向并影响着传记的阅读主体和出版过程。

在《自传契约》一书中，法国自传理论家勒热纳曾提出"真诚"与"真实"两组概念，即"真诚性—相似性—精确性—信息"和"真实性—同一性—忠实性—意义"。"真诚性是一种保证和承诺，即'契约'，真实性是一个结果"[①]。"真诚"与"真实"贯穿传记写作的准备阶段和实践阶段，已涉及传记伦理的某些重要方面。传记家要真诚地、尽其所能地去掌握传主直接或间接的材料，同时要密切关注相关论述提供的新信息及新思路。传记家要真实地再现传主的一生，要有叙述、发现、解释、评价、揭露、辨伪的能力及勇气。不仅如此，传记家还要对传主一生进行合理的"安排"、发挥想象力，对部分叙述加以合理的虚构，达到文本真实和阅读真实的效果。"通过给我们讲述真实故事，把不重要的细节逐一筛选出去，

---

① 杨国政：《〈自传契约〉代译序》，载〔法〕菲力浦·勒热纳《自传契约》，北京大学出版社，2013，第14~15页。

将整篇作品加以规划，使我们看到其概貌，传记作家比任何诗人和小说家（除了最优秀的以外）都更能激发人们的想象力。因为很少有诗人或小说家能承受'告诉读者真实故事'的紧张压力。但只要尊重事实，几乎所有传记作家都可以将诸多事实告诉我们，增加我们的积累。他可以告诉我们血肉丰满的，具有创造性和启发性的事实。"①

传记的写作伦理要求传记家在写作过程中最大限度地浸润主体性，深入理解自己的书写对象，实现灵魂的对话与碰撞。与此同时，传记的写作伦理还对传记文本提出了艺术性等要求，这一话题已经超出本书的范畴，暂不讨论。总之，无论从传记家的道德还是从写作伦理来看，都要求其在进行传记书写时有一种近乎律令式的观念，达成传记写作的真实与真诚的"契约"，而这一点是传记文本具有史料价值的前提和保障。

二　著者身份、学养与洞识能力

从近年来现当代诗人传记的出版情况来看，正有越来越多的写作者加入传记写作的行列中来。传记写作者日益增多、队伍越来越大，这从传记生产的角度来看是一件好事，因为它标识着现当代诗人传记正在走向繁荣。然而，从传记的艺术价值特别是历史价值来看，则有更多的辨别、厘定工作需要去做。显然，无论是阅读还是研究参考，都需要选用其中的"善本"。从实践的角度考察现当代诗人传记，对传记写作者提出了更高和更为具体的要求。

如果说"传记家的道德与写作伦理"是一个普遍性的话题，那

---

① 〔英〕弗吉尼亚·伍尔芙：《传记文学的艺术》，载《伍尔芙随笔全集》（第三卷），中国社会科学出版社，2001，第1335页。

么，"著者身份、学养与洞识能力"则是其中一个具体的方面。面对如此多的现当代诗人及其文献资料，谁更适合做传记的写作者？或者说什么样的人才能够写出更好的传记？这确实需要进行对比之后才能回答。现当代诗人传记既是"文学"，也是"历史"，一旦我们强调其史料价值，那么"历史"性便会加强。在联系史学传统之后，对于"著者身份、学养与洞识能力"，我们既可以以唐代史学家刘知几在《史通》中提出的"三长"说，即史学家应当具有史才、史学、史识方面的素质加以说明，也可以以清代章学诚在《文史通义》中系统论述史学家的"四长"说，即"德""才""学""识"来加以解释。今人杨正润以"历史是传记的基础，传记既然具有历史性，传记家当然应当具有历史学家的某些素质"为现实前提，在《现代传记学》中提出了传记家应有的"四长"，即"传记道德""传记才能""传记学养""传记洞识"。其中，"传记道德"主要是指"传记写作的态度"，其核心是忠实于历史事实，避免忌讳和美饰。"传记才能"是指传记家写作方面的才能，既能收集、整理材料，又能以美的方式予以表达。"传记学养"主要是指"传记家应当具有相应的知识结构和学识修养"，熟悉并能不断吸收各种新的知识和写作方法，写出令人读来耳目一新的传记。"传记洞识"主要是指"传记家在对传主及其时代观察、研究所能产生的独到见解，他是传记家的才能和学养综合的、集中的表现"①。

毫无疑问，一个优秀的传记家应具备的素养是多方面的，而且这些方面在实践过程中往往立体地、有机地结合在一起。现当代诗人传记个案式的、相对学术性的特点及其现有的实绩，都使其写作

① 以上引用，具体见杨正润《现代传记学》，南京大学出版社，2009，第482~487页。

者的"著者身份"成为一个具体、实际的问题。因此，笔者以为：
学者、研究者常常能在有效综合、实现传记"四长"的过程中，写
出质量更为上乘的传记。之所以将学者、研究者分开并不是要着意
强调两者的层次，而只是想更为全面、详细地呈现学院派（如高校
和研究机构出身的传记家）和专题研究会及其相关群体（如某某诗
人研究会、作协创研部以及具有职业性质的传记作家、作家等），在
现当代诗人传记写作过程中起到的作用。这个相对的结论显然不能
将自传纳入其中，且需要具体案例具体分析，这是因为在确定现当
代诗人传记"著者身份"的时候，只能采纳相对而非绝对的结论。

　　学者、研究者由于秉持自己的学术态度，拥有多年的研究经验，
熟悉本学科的研究动态，有综合独到的见解，可以客观公正地评价
传主，从而很容易抵达传记"四长"的层面。不过，值得注意的是，
抵达之后是否能将"四长"有机地融合起来，产生优秀的传记文本
仍是一个需要考察、辨析的课题。由于介入角度、创作个性等的不
同，不同学者、研究者完成的传记是各具特色的。除此之外，由于
语言表述的差异、解读诗歌能力的差异，出自不同学者、研究者手
中的同一传记也会有很大的不同。也许，基于上述前提写作的传记
都可以成为不同意义或不同层面上的优秀之作，但对于不同读者来
说，在相互比较之后必然会有更喜欢的版本。因此，评价一部传记
的质量，还要将读者接受的因素考虑在内。

　　"著者身份"及其学养同样使传记家对写作对象拥有洞识能力。
以罗志田的《再造文明的尝试：胡适传（1891—1929）》为例：
1952 年出生、在普林斯顿大学获博士学位的罗志田，系当代近现代
史研究专家。他的《再造文明的尝试：胡适传（1891—1929）》一
书就充分显示了他作为一位历史学家的素养及洞识能力。在联系胡

适幼年成长道路、占有大量资料和进行考证的前提下，罗志田充分阐释了胡适性格形成的原因及其复杂性：

> 胡适一生，正是依据父亲胡传总结出的做人的道理，在"率其性"和谨勉以学为人之间游移，始终向着"作圣"的方向努力，但也不时要有所"率性"。他一生"做人的训练"，主要受其十几年跟随父母生活的影响。那段生活带给胡适一种自我保护的防卫心态，明显体现出"超我"对"本我"的抑制。按他父亲的教导，可以说是偏向"作圣"的一面。胡适后来遇压力即反弹，压力越大，反弹越强，颇有点"率性"的意思，但大抵都可从这种自我保护的防卫心理去考察。同时，少年的艰辛使胡适又特别珍惜来之不易的名声。所以，他在得名之后，除了有时对外来压力的反应外，所行之事，多半是谋定而后动，又很能约束其"率性"的成分。这在分析胡适后来的作为时也是需要特别注意的。①

此后，他又多次重复胡适性格的这方面特点，进而分析胡适在"尝试新诗"和"文学革命"中的行为和心态：

> 前面说过，胡适先天有一股反叛气息。如果不是少年暴得大名，大约还要反得厉害。这样的性格使他特别不喜欢诗、对联、骈文、八股以及写作中的用典。因为这些东西都最能体现"出新意于法度之中"的中国传统，最不宜有反叛气质者……

---

① 罗志田：《再造文明的尝试：胡适传（1891—1929）》，中华书局，2006，第59~60页。

前面说过，胡适的防守心态甚强，每遇压力，必有反弹，压力越大，反弹越强。他之所以走上文学革命的道路，外来的压力是一个重要的因素……①

通过罗志田的分析，读者不仅可以看到以往胡适生平研究中"少见的部分"，而且更能深刻理解唐德刚在《胡适杂忆》中指出的"爱惜羽毛"必然"畏首畏尾"是相辅相成的结论②，以及其为何常常在压力下表现出一种或反抗或疏离的行为。在"率性"与"作圣"之间徘徊的胡适为此常常陷入"激进"和"保守"（别人眼中）的矛盾处境和心态之中。这亦可以在胡适 1921 年 8 月 26 日日记中因别人以西洋看掌纹法而引出的夫子自道来证明："我受感情和想像的冲动大于受论理的影响。此是外人不易知道的，因为我行的事，做的文章，表现上都像是偏重理性知识方面的，其实我自己知道很不如此。我是一个富于感情和想像力的人，但我不屑表示我的感情，又颇使想像力略成系统……我最恨的是平凡，是中庸。"③ 这不仅有利于人们更为深入地认识胡适，还提升了该"胡适传"的史料价值。

三 传记家的眼光与传材的搜集与甄别

关于"传记家的眼光"与传记对象资料的搜集与整理，前文已有不同程度的论述。这里，仅从现当代诗人传记写作的具体实践角

---

① 以上两段引文，见罗志田《再造文明的尝试：胡适传（1891—1929）》，中华书局，2006，第 112、116 页。

② 唐德刚：《胡适杂忆》，华东师范大学出版社，1999，第 15 页。

③ 曹伯言整理《胡适日记全编 3》（1919—1922），安徽教育出版社，2001，第 448 页。

度，探讨其如何使用材料和进行甄别考证两个问题。

现当代诗人传记由于传主生活时间距离较近，其传记写作材料（简称"传材"）相对来说容易获取。作为传记写作的"前史"，传主确立之后，就进入传材的搜集、甄别、整理阶段。传记家一般会通过反复研读传主的作品，通过对传主亲友的访谈，发掘尘封的史料，梳理出一个基本脉络。值得指出的是，即使此时传主仍健在，上述过程也丝毫不能懈怠，因为传主本人也会因为时间久远和遗忘等主客观因素，记不清很多史实和材料，何况传主作为有着七情六欲的个体，也会因为意气之争、矛盾以及保护隐私等原因回避一些问题。此时，传记家不仅要通过其作品进行内证推究，还要在查询大量史料的同时，关注相关人等的文字记录得到客观、有效的外证。是以，优秀的传记家首先应当是一个合格的文献整理者、史料发掘者、考据者、研究者，而后才是一个优秀的作家，二者对于写作一部优秀的传记来说缺一不可。

在搜集、整理材料的过程中，写作者其实已对传主生平和创作经历有了详细的了解，这大致也是作传者撰写同一诗人年谱，或在传记正文之后附有传主"作品目录"、"生平年表"或"年谱"（实为简谱）的重要原因。鉴于任何一部传记都渴望全面、真实地呈现传主的一生，而在书写过程中又必须通过章节安排形成一种文本结构，所以，将传主的一生分为若干阶段加以描述就成为另一个重要环节，此环节可称为确定传记的节点。

按照杨正润的说法："所谓传记节点（key point）是指传主一生中影响到他的命运，或是能够说明他的命运的那些重要事件，比如他所作出的某些决定和选择、生活中某种特殊的机遇、他同那些影响了他的人物的认识和交往，还有一些突然发生、令人费解的事件，等等。节点决定了或是可以说明传主发展的方向，或是带来他生活道路或心理世界的转折。节点是一部传记最重要、最吸引人，常常也是最有新意的地方，它们是描述传主一生、证明其身份、揭示传记主题最重要的部分，是传记家必须认真把握并花费主要精力和笔墨的地方。"① 实际上，传记节点与结构设计意义上的章节安排有一定的区别，这是因为讲述者有时出于文字平衡等方面的考虑，未必每一章都作为节点，但可以肯定的是，章节安排作为一种设计体现了传记家期待以此表现传记节点的创作意图。以"郭沫若传"为例，初出夔门、日本求学、转向文学、相遇安娜、创造社的建立、《女神》创作、参加北伐、流亡日本、抗战归国……都是郭沫若一生重要的节点，也是每一部"合格"的"郭沫若传"必须呈现的"结构"与"描述"。

节点确立之后，传记家还要注意以下几个环节：考虑节点之间的前后衔接、起承转合；对相近的材料加以选择，以最具代表性和说服力的材料表现传主；思考有效的讲述方法，以求凸显创作个性等。为了较为具体、详尽地说明上述过程，本书摘录卓如在《冰心全传》"后记"中回忆当年写《冰心传》的一段文字：

1985 年，我开始动笔撰写《冰心传》。当时的构思是只写前五十年，以冰心 1951 年回国为引子，追溯到她前半生的经历和创作历程。

我的设想是，真实地描述冰心以及她所处的社会生活环境，反映冰心的思想、感情、品格。因此，我首先在史料上下工夫，

---

① 杨正润：《现代传记学》，南京大学出版社，2009，第 525 页。

认真阅读各类史籍、各个时期的报刊，尤其是冰心生活关系密切的史实，进而反映在动荡的社会年代，冰心所处的历史背景。把冰心放在时代的旋涡中去表现，展示出她特有的魅力。

为了全面地反映冰心的生活，我采访了与冰心有直接联系的主要人物，如她的家人，她的同事，她的学生，她的亲戚，她的朋友，她的晚辈……在采访中，获得了许多生动、感人的材料，丰富了传记的内容。

在写作过程中，我的原则是尊重史实，所写的内容都是有所依据的。但在材料的取舍与选择上，有我个人的价值取向。我的心思，力求进入冰心的世界。我去体验她的欢乐，她的苦难，她的忧愁，着重点又是放在她的充满创造性的漫长的创作历程上；表现她生命中的真、善、美的光彩。①

女传记家卓如，1934年生，福建福州人，系中国社会科学院文学研究研究员、冰心研究会副会长。1990年3月在上海文艺出版社出版历时五年完成的《冰心传》。1991年，应海峡文艺出版社之约并受冰心先生委托，编辑《冰心全集》。1998年1月在海峡文艺出版社出版"福建现代作家传记丛书"之一的《冰心传》。1999年9月在海峡文艺出版社出版《冰心年谱》。2002年1月，在人民文学出版社出版"漫忆女作家丛书"——《一片冰心》。这些工作都为《冰心全传》的出版奠定了坚实的基础。2002年1月在河北教育出版社推出的《冰心全传》分上下两册，839千字，系迄今为止文字最多的一部"冰心传"。"在写作过程中，我参阅了各种版本的中国

---

① 卓如:《〈冰心全传〉后记》，卓如:《冰心全传》（下），河北教育出版社，2002，第470页。

近代史、中国现代史，校史、地方志、回忆录，资料汇编、史事编年，以及许多期刊、报纸上刊载的名人、作家、记者、编辑、读者撰写的文章。同时还参阅了部分港台的报刊。此外还有海外一些国家出版的华文报刊。"① 卓如的经验告诉我们：只有长期搜集、整理自己熟悉的作家的材料，并与其研究现状结合起来，不断调整和补充自己的写作，才会在良性互动、循环中写出优秀的传记。同时，传记内容多、信息量大不仅证明了上述条件的重要性，也符合优秀传记要全面、完整、丰富地表现传主一生的基本规律的创作要求——篇幅大、内容多可以说是一个重要的衡量标准。由此推演，一部优秀的传记背后必然有一个优秀的传记家，一个优秀的传记家最有可能是长期关注传主的学者、研究者。

与搜集、整理和确定节点相比，甄别也是传记家必备的素养之一。鉴于甄别文献的真伪是一个具体的问题且个案较多，限于篇幅，本书选择一个与现当代诗人传记写作有关的例证。徐志摩与林徽因的情感故事一直是人们津津乐道的话题之一，前文我们其实已经通过跨版本比较进行了探讨，但从传记书写的实际情形来看，作传者仍然对其保持着"持续的热情"。在《难以置信的林徽因佚简和绝对可信的佚诗》一文中，多年致力于林徽因研究的学者陈学勇就结合一本"徐志摩传"的书写提到甄别的问题：

> 林徽因和徐志摩之间的关系一直是许多人津津乐道的话题，而其关系究竟如何，却众说纷纭。无疑，他俩往来的书信是揭示这种关系的捷径。可惜，必定有过的而且数量也客观的这批

---

① 卓如：《〈冰心全传〉后记》，卓如：《冰心全传》（下），河北教育出版社，2002，第471页。

信函，留存极少。徐志摩致林徽因信，除了那封有名的，在火车上被恩厚之抢下来的参简，还有是年梁从诚先生披露在他所编的《林徽因文集》里一封，此外尚未有新的发现。至于林徽因致徐志摩信，至今并未见到片言只语。日前汉语大词典出版社出版的《飞去的诗人——徐志摩传》（展望之、张方晦合著）两次引述了林徽因写给徐志摩的信，尽管这本传记用了时下流行的演义小说笔法，但由于出版者介绍，"两位作者是陆小曼的弟子"，传记是"在大量的翔实的史料基础上"进行的艺术创造，加之所引资料确多有依据，因此有人惊喜发现了新的林氏佚简。①

之所以花费如此多的篇幅去引述这段，是因为如果林徽因写给徐志摩的信是真实的，那么，则意味着关于徐志摩和林徽因情感故事的许多结论将要被推翻，为数众多的"徐志摩传""林徽因传"也要重写。不过，凭借对林徽因作品及风格的熟识，陈学勇在摘录此信全文后，从文风和史实上判定此信属子虚乌有，而从史实考证角度得出的有力证据竟有四点之多。至于这样甄别的意义何在，前文早已给出答案。

除了甄别林徽因信的真假之外，该书还有《不敢读的梁、林传记译本——读成寒译〈中国建筑之魂〉》一文值得注意。此文主要是结合成寒翻译美国作家同时也是梁、林多年知交费慰梅写的关于梁、林英文版传记时，呈现的一些问题而涉及翻译的"信、达、雅"标准。"倘若译文失真，以至掺假，尽管文笔顺畅优美，还是宁愿去

①　陈学勇：《难以置信的林徽因佚简和绝对可信的佚诗》，载陈学勇《林徽因寻真——林徽因生平创作丛考》，中华书局，2004，第71页。

啃直译的酸果。"① 这一判断告诉我们一旦译本有误，同样会影响传记史料价值。而从翻译的角度甄别现当代诗人传记史实，其探索意义理当引起重视。

四　"感悟传主" 与必要而合理的 "想象""虚构" 及推测

传记家在阅读现当代诗人作品、熟悉相关材料的过程中，已经开始与现当代诗人进行 "接触" 与 "对话"。传记家显然要用心灵去体验传主，理解其所思所想、喜怒哀乐，这样才能走进现当代诗人的内心世界，写出令人信服的传记。

许多传记家在传记的 "后记" 中，常常会谈到自己曾反复阅读传主的作品，进行时间排列，找出内在的线索。同时，又会多方求证，采访传主的后人、亲友及相关人士，力求获得作品以外的信息，即发掘新材料，而传记家在搜集、整理、选择、解读这些材料时，一方面为传记写作提供了物质基础，另一方面为刻画生动、鲜活、真实、可信的人物形象做了准备。显然，不走入传主的内心、触及其灵魂世界，写出的传记是难以引人入胜的。传记家需要在写作过程中积极调动、发挥自己的主观能动性，像前文卓如在《冰心全传》"后记" 中所言的 "有个人的价值取向"，唯其如此，才能在弥合 "文本主体" 与 "历史主体" 差异性的过程中，构建写作者的主体性。

以王文彬之于戴望舒传记写作为例：王文彬常年工作于安徽大

---

① 陈学勇：《不敢读的梁、林传记译本——读成寒译〈中国建筑之魂〉》，载陈学勇《林徽因寻真——林徽因生平创作丛考》，中华书局，2004，第78页。

学，是戴望舒研究专家。他在 1987 年 7 月与郑择魁于百花文艺出版社出版《戴望舒评传》，后于 1995 年 1 月在中国青年出版社推出《戴望舒 穆丽娟》。1999 年 1 月，与金石主编的《戴望舒全集》（分诗歌、小说、散文三卷）由中国青年出版社出版。2006 年 6 月，他在多年研究、积累的基础上于商务印书馆推出《雨巷中走出的诗人——戴望舒传论》，是已有"戴望舒传"中篇幅最长、成就最高的传记文本之一。在该书的"后记"中，王文彬曾真诚地写道：

> 研究者要尽可能多地阅读诗人的著译，阅读诗人艺术圈子内外持不同意见的作家和评论家的论著，具体地把握诗人原来文化生存状态，努力将其置回历史脉络和情境中，了解诗人的人生和命运。史料要一点一滴地积累、梳理，实证也要一点一滴地进行，时时警惕抽象和简化的诱惑。不蹈空，作离开事实的形而上的演绎；也不取巧，仅依据先验的观点择取事例。遵循"言必称据"的学术要求，一切都通过实证，从史料的发掘到鉴别，从观点的升华到提炼，实证精神贯穿研究的始终，只有这样，才能使自己的研究置于坚实的基础上。时至今日，这仍然是我孜孜以求的目标。

> 过去很长时间里，研究者往往居高临下，把对于诗人的研究，视为一种评判。我在长期努力与诗人心灵沟通中，视角有了转移，思路也有了变化，以为对于诗人的研究，应是一种平等而亲切的对话，是理解和阐释，不能用某种意图理论、成见和定见，作为价值取向，去权衡诗人。诗人的作品本身，即是理解和阐释的标识，并且也在研究者的理解与阐释中成为有生命的实存。依据研究者"当下"状态的感悟，以自己对命运和

生命的体验，来理解和阐释诗人在作品中所显示的命运和生命，体认其中的一切富藏，一切深度，痛其所痛，苦其所苦。我开始研究戴望舒时，年龄比他小，现在我的年龄已超过了诗人当时生活的年龄。近20年来，由于自己阅历的增加，尝受到人生中的种种失望、委屈乃至屈辱和磨难的一面，经历了自我疗伤过程，出现过执著追求和平静宽容的心境，对于命运和生命也有了新的体认，因此，在周而复始地阅读诗人的作品、探究他生平若干事件底奥时，对于诗人的理解和阐释自然更深了一层，也仿佛感悟到开放的历史与自己隐然相通。我认为，研究者应该有自己的视角和思路，只有如此，不同研究者才有可能在同一信息源中产生异义性的认识，出现不同意义的相互发明和发现，构成阐释中异质共存的张力和合力，使作品意义的底蕴得到敞亮，使诗人的灵魂得到敞亮。这是理解和阐释的魅力所在，也是诗人的魅力所在。①

　　王文彬介绍自己写作"戴望舒传"的经验，有助于我们"感悟传主"及感悟传记具体实现的过程。"感悟传主"是"一种平等而亲切的对话"、是"理解与阐释"。"感悟传主"需要力求返回传主所在的历史语境，设身处地地理解、把握传主的内心及行为。"感悟传主"需要时间的累积和锤炼，需要推己及人式的"移情"，需要传记家主体与历史主体的心灵共鸣，并在多年之后一个偶然回首的瞬间，实现升华。

　　"感悟传主"作为一种心理化过程，最终要以文字的形式表达出

---

① 王文彬：《雨巷中走出的诗人——戴望舒传论》，商务印书馆，2006，第383~384页。

来，因此，作为实践层面上的传记必将面对"想象"和"虚构"的问题。"传记应当写确实发生过的事，一位严肃的传记家在写作之前要经过艰苦的收集资料的工作。但是无论他如何尽力，关于传主及其时代，总会在不同的时间段落里，留下或长或短、许许多多的资料空白。无论传记家如何尽力，即使在材料比较丰富、收集也很齐全的情况下，到动笔的时候，他还是会感到缺少了某些他所需要的东西。那些年谱、姓名录之类的传记形式，对这类空白只有任其存在。但是对文学性较强的传记来说，其目标并非只是真实的事实，还需要写出一个真实而完整的传主，不但要写出他的生平，还要写出他的个性，甚至还要求写出他性格的动因，对他进行解释。要完成这些任务，传记家总是会感到材料缺乏，比如某一特定场合中传主的言谈和行为的细节、他的隐秘的心理活动，大都找不到文献的记载……在这种情况下，有时传记家就不得不用想象的火炬去照亮那些黯淡不清的领域，进行合理的猜测，根据现有的材料，对不足的部分加以补充使之完整，这就是传记家的想象。传记家依照想象所增补的内容是传记中的虚构部分，虚构是想象的结果。"[①] 传记家不可能完全还原历史主体的面貌，叙述也不等同于年谱，其需要在讲求文本艺术性的前提下避免行文及阅读上的枯燥乏味，所以，传记家需要合理的"想象"，以弥补、缝合材料之间的"裂隙"。在此过程中，"虚构"是对"想象"进行推演和复原的结果，它和"想象"一样都不是凭空臆造的。二者都建立在真实、合理地"感悟传主"的基础之上，而其目的或曰意义和价值则是更加完整、真实地叙述传主，并使传记文本成为生动的、可读性强的文学作品。

---

① 杨正润:《现代传记学》，南京大学出版社，2009，第 532~533 页。

合理的"想象"与"虚构"不但可以丰富传主的形象和强化传记的表现力，而且还可以深化传记的价值。以王文彬的《雨巷中走出的诗人——戴望舒传论》为例：戴望舒追求施蛰存妹妹施绛年所经历的痛苦、焦灼以及轻生行为，早已为许多读者所知晓，但如何分析这种苦恼及行为却需要"想象"及推演过程：

> 诗人"胸膨胀着"，"心悸动着"，像在初恋中那样新奇热烈，但已无可恋者，他深深感到生活和命运对自己的戏谑。爱情并不是回归个体自身，而是无止息地指向个体生命之外的另一个异性，结晶于两个个体世界之间。在爱恋中，个体是通过爱的形式显示自己的人格和生命价值。对诗人的爱的冷漠，实际上是对他的人格和生命的侮慢，这对于一个有高度文化教养和自尊心旺盛的诗人来说，真正感到生之屈辱和苦恼。[①]

从诗人心态的角度分析进而深入冷漠对于诗人"人格和生命的侮慢"以及由此造成的"屈辱和苦恼"，显然比平铺直叙、罗列基本史实更能说明问题。诗人是敏感的、高贵的、自尊心强的一类个体，他们常常是极端的、冲动的，在爱情面前容易失去理智。"望舒忍受不了这种令人徒然、绝望的期待。命运已经把诗人推到极端，爱和死只有一种选择，或者步入春光明媚的新天地，或者结束自己的生命。"[②] 在做出这些"想象"式的推演后，王文彬写到了戴望舒以死相迫、表明心迹的"事实"，而戴望舒的性格、对待施绛年爱的态度也由此得到令人信服的再现。

---

① 王文彬：《雨巷中走出的诗人——戴望舒传论》，商务印书馆，2006，第103页。
② 王文彬：《雨巷中走出的诗人——戴望舒传论》，商务印书馆，2006，第103页。

以程光炜的《艾青传》（北京十月文艺出版社，1999年版）为例：该传有很多地方使用了合理的"想象"与推演，至今读来仍有富有启示意义。其一，《艾青传》在谈及艾青的"高傲"时，曾举艾青批评何其芳文章的事例。1937年《大公报》将"文艺奖金"授予芦焚的小说《谷》、曹禺的戏剧《日出》、何其芳的散文《画梦录》，诗歌方面并未授奖。此获奖名单公布后，早已凭《大堰河——我的保姆》闻名诗坛的艾青很快就写出了批评文章《梦·幻想与现实——读〈画梦录〉》，对其进行批评。此文几经辗转，最后发表于1939年6月《文艺阵地》第三卷第四期①。何其芳在1940年2月发表的《给艾青先生的一封信——谈〈画梦录〉和我的道路》一文中，认为艾青的文章"是一篇坏书评"，对他的作品和人"都作了一个不公平的判断"②。程光炜在《艾青传》中记录上述过程后写道："两人从此撕破了脸皮，艾青到延安后，亦始终与何保持着'距离'。"③ 之后，《艾青传》在写艾青1941年3月8日到延安后，如何选择工作岗位时则进行了与之相关的、带有疑问但又恰如其分的推究：

　　这次谈话，洛甫、凯丰主要目的是征询艾青对工作和生活

---

① 在《梦·幻想与现实》一文结尾处的"一点声明"中，艾青指出："这文章，是我读了何其芳的《画梦录》后写成的，原已由胡风先生编进《工作与学习丛刊》第五册，该刊因故未出，后由胡风先生交由《中流》，复因战争停刊，这文章就一直搁下来了。"（《文艺阵地》，1939年6月第三卷第四期）还需指出的是，该文在最初发表时名为《梦·幻想与现实——读〈画梦录〉》，后收入《艾青全集》第5卷时名为《梦、幻想与现实——读〈画梦录〉》，程光炜在其《艾青传》中也使用《艾青全集》中的题目。

② 何其芳：《给艾青先生的一封信——谈〈画梦录〉和我的道路》，《文艺阵地》1940年2月第四卷第七期。

③ 程光炜：《艾青传》，北京十月文艺出版社，1999，第130~132页。

的意见，鲁迅艺术学院和中华文艺界抗敌协会延安分会，两个地方让艾青挑选。他听说丁玲是"文抗"的领导，因早与她熟识，便选了"文抗"。没选择去"鲁艺"教书，是否跟何其芳在那里有关，亦未可知。①

虽然"亦未可知"并没有给出确切的答案，但联系前后文，人们不难看出写作者的态度，而这种态度就前后文的逻辑关系来看，应当是肯定式的。其二，是1941年8月写长诗《我的父亲》时的心态。艾青于是年8月中旬得到父亲去世的消息，他没有回去奔丧，只是将对父亲复杂的情感写进诗中。对此，程光炜在援引《我的父亲》结尾诗句时指出：

> 艾青试图对内心的矛盾，作一番符合理性的梳理，但又意识到，它显然是极为困难的。在诗的结尾，他为自己这样开脱道：

> 母亲来信嘱咐我回去，
> 要我为家庭处理善后，
> 我不愿意埋葬我自己，
> 残忍地违背了她的愿望，
> 感激战争给我的鼓舞，
> 我走上和家乡相反的方向——
> 因为，自从我知道了

---

① 程光炜：《艾青传》，第331~332页。

在这世界上有更好的理想，

我要效忠的不是我自己的家，

而是那属于万人的

一个神圣的信仰。

显然，他是把"更好的理想"当做不"回去"的理由的，正像那个时代大多数青年知识分子一样，"家"（实际是传统的象征）是作为"理想"（走出或背叛家庭）的对立面而存在的。这种历史"情结"直接影响到艾青对父亲之死的极其矛盾的态度：情感上的认同与理智上的拒绝和告别。但即使如此，艾青仍然清醒地意识到了它与"环境"之间的不协调，1980年，他还说："《我的父亲》是在延安写的，那时实际上一开始'整风'，需要写工农兵的、大众化的作品，写那个东西，当时在延安似乎不大适合。"

一方面是不得不"这么写"，另一方面又分明知道"不大适合"，艾青当时难以把握自己、实际上已不能把握的心情，是可想而知的……①

其三，是《现实不容许歪曲》一文在《艾青全集》中的收录情况。《现实不容许歪曲》是艾青批判王实味时写的约一万字的长文。程光炜在《艾青传》中记录该文在《解放日报》全文推出后，"在文艺

---

① 程光炜：《艾青传》，北京十月文艺出版社，1999，第352~353页。其中，艾青在1980年谈及《我的父亲》一文创作时的话，在《艾青传》353页脚注中注明出自"艾青：《与青年人谈诗》"。而《我的父亲》当时是刊载于1942年8月延安出版的《谷雨》第1卷第6期。

界引起不小的反应"时，在页下脚注中做出如下注释："可能因为是'奉命之作'，或许还有其他如心灵上的原因，艾青1990年在委托其子艾丹编《艾青全集》时，未将此文收入。这一举动，显然是今天人们研究延安时期艾青思想活动的一个饶有兴味的视角。"① 《现实不容许歪曲》发表于1942年6月24日《解放日报》②，没有收入1991年花山文艺出版社五卷本的《艾青全集》，今天如果想看此文除了查看《解放日报》外，还可以参考刘增杰等编的《抗日战争时期延安及各抗日民主根据地文学运动资料》（上）、朱鸿召编选的《王实味文存》等文献。③ 这种"全集"不"全"的现象可作为艾青进入20世纪90年代回顾历史时的心态，它与写《我的父亲》时的心态一样，对研究艾青延安时期的文人心态和艾青文献整理等都具有重要的意义，而对于程光炜的《艾青传》来说，其"想象"及推究的价值也正在于此。

　　通过以上四方面论述，我们大致了解了传记家与现当代作家传记史料价值之间的关系。出于讲述的需要，以上四方面虽以历时性的形式予以呈现，但在实现现当代作家传记史料价值过程中是以共时性的方式完成的。值得补充的是，在平素探讨中，常常会听到如果传记家本身既是一位研究者又是一位作家，那么似乎更易写出优秀的传记的结论。在笔者看来，这一结论虽不无道理，但并不能做

① 程光炜：《艾青传》，北京十月文艺出版社，1999，第386页"脚注"。
② 据叶锦编著的《艾青年谱长编》中记录，《现实不容许歪曲》一文除发表于1942年6月24日《解放日报》外，还发表于1942年10月21日《新华日报》（人民文学出版社，2010，第110页）。
③ 刘增杰等编《抗日战争时期延安及各抗日民主根据地文学运动资料》（上），山西人民出版社，1983；朱鸿召编选《王实味文存》，上海三联书店，1998。

绝对化的理解。传记家只有在传记文本中共同实现传记的写作目的、个人兴趣并深入理解其价值的同时，实现灵魂的对话，才是完成优秀传记、提升其史料价值的根本，而为此，对于每一位立志完成优秀传记、渴望传记具有相当高史料价值的传记家来说，要走的路可以说是"相对无限的"。

第五章　影响现当代诗人传记史料
价值的其他因素

在前四章的论述中，我们从不同角度阐释了现当代诗人传记的史料问题。展开叙述的前提是确证了现当代诗人传记具有史料价值，所以，每部分基本上是以史料价值的构成、如何实践的逻辑展开。然而，随着时代的发展特别是进入网络时代和消费时代之后，包括现当代诗人传记在内的所有创作都不同程度地发生了变化。现当代诗人传记的史料问题也变得复杂多样，在此背景下，从影响的角度探讨现当代诗人传记的史料价值，有助于我们把握史料价值复杂化的过程，并且深化认识。

一　时代的制约与写作的不平衡性

时间命题或曰时间因素在探讨现当代诗人传记史料问题时具有重要意义，而且站在不同的角度，其似乎总能找到自己的进路。进入 21 世纪后，20 世纪 80 年代甚至更早的现当代诗人传记在史实和资料上常常呈现诸多问题与不足，表明传记这类有意完成的"史料"其价值并未因时间的沉淀获得增长，相反需要经过重写、修订实现价值的提升。这一现象说明现当代诗人传记作为一种文本，一旦其价值生成就呈现相对"凝固"的状态，在进行资料搜集、整理和研究时，其价值虽然得到有限激活，但无法实现增值。从这个意义上说，"第一本传记优先，此后的传记靠后"①的结论，只有强调史料的首发权、来源，在进行整理和梳理线索时才成立。对于同一传主不同的传记，其史料价值只有通过实践才能得以检验。

包括现当代诗人在内的传记书写受时间维度的限制，同样是其数量不断增长并且保有魅力的内在原因。当然，如果回顾其发展史则不难看出：时间及其相关命题对于现当代诗人传记来说从不是一个简单的、平面的问题。现当代诗人传记写作不仅在史料、认知上受时间的限制，在观念和价值评判上同样受时间的限制。以其文学史书写为例，为数众多的诗人在很长时间内无法进入传记家的视野，而另一些诗人的传记或被人为地拔高或被曲笔讳饰等，都与传记写作受时代的制约有关。应当说，每一个时代会形成相应的写作观念和评价标准，这些观念与标准往往涉及政治、文化、思想等内容，从不是简单、孤立的话题。观念与标准不仅影响着传记的面貌，而且影响着传记家的写作。联系出版、消费等因素，更能凸显其内在的立体性和复杂性。

"时间的限制"的结果，是现当代诗人传记写作的不平衡。这种不平衡从内部来看，是现当代诗人传记整体质量的不平衡和同一诗人传记前后写作质量的不平衡；从外部来看，则是现当代诗人立传数量和规模的不平衡，而且数量和质量还与传主的文学史地位有关。毫无疑问，现当代诗人传记的持续书写、立传者多会积累更多经验，

---

① 谢泳：《中国现代文学史研究法》，广西师范大学出版社，2010，第127页。

进而提升传记的整体质量。因此，现当代诗人传记的书写还在于发掘、整理和文学史的再发现。从近年来诗人穆旦被发掘，地位的提升，引起研究界的关注，作传的数量增多，传记有所发展的情况①可知，现当代诗人传记写作还有很大的空间，其文本提供的有价值的史料也不在少数。只不过，从传主地位来讲，现当代诗人与政治家、科学家等有一定的差距，是以，无论增长幅度还是受众面，都是相对有限的。

近年来，随着传记类作品市场关注度的提高，以追求市场利润、商业价值为目的的传记日益增多。以"消费性"为表现特征的现当代诗人传记的出现体现了消费时代的文化特征：在以符号化为主要特征的消费时代，艺术与生活、学术与通俗、神圣与世俗之间的界限逐渐消解，也由此产生了符号生产者、文化媒介人……甚至，阅读主体的阅读也因"好奇心"和"缺乏了解"而具有消费特性。总之，在消费时代，以往的价值观念都正在发生或已经发生相应的改变。因此，传主及传记家自然也会受影响，但在笔者看来，在消费时代对诗人传记主体的考察还应当增添一个新的角色，即连接生产与消费的桥梁——"媒介中间人"，也是前文提到的出版社和选题策划过程中包含的主体维度。

从历史主体的角度说，近年来出现的以消费形态为主要特征的现当代诗人传记因"一份固定名单"而将传主固定化了和符号化了，因此，一方面不能抵达写作应有的"真实"和深刻，另一方面因过度强化和集中消费影响了大众读者对文学史的了解和认知。从书写

---

① 至2019年底，"穆旦传"的写作情况具体包括：陈伯良：《穆旦传》，浙江人民出版社，2004；陈伯良：《穆旦传》，世界知识出版社，2006；易彬：《穆旦评传》，南京大学出版社，2012；王宏印：《诗人翻译家穆旦（查良铮）评传》，商务印书馆，2016。

主体角度说，传记写作者高度集中、多化名以及写手身份使其实践活动具有网络写作者的"匿名机制"的特征。尽管在部分"消费性"的传记文本中，人们也看到了某些叙述形式的变化，但总体而言，这些传记的写作者实际上正经历类型化甚至符号化的转变——写作者放弃了传记家应有的自由的权利——他既不必为传主的选择而忧虑，也不必为材料的搜集与选择、叙述的结构以及传主活动与成就的解释和评价而担心，他只要以仿真的、粗略的方式勾勒传主的一生即可。在此过程中，主体的退隐、个性的匮乏、缺少灵魂之间的对话决定了写作本身的"无我性"特征。

书写主体作为传记写作活动的实践者，其身份的转变自然会影响传记文本主体的塑造和传记文本的质量，进而影响阅读。现当代诗人传记作为中国现代传记写作中成就最高的类型之一，在近年来日渐兴盛，除了源自现当代诗人、作家以及现代文学的不断历史化与经典化之外，还包括以下几点原因。其一，作为传主的现当代诗人往往都在某一文学创作领域或某一历史阶段取得了突出成就，值得后人为其树碑立传、加以纪念。郭沫若、徐志摩以及海子等现当代诗人，为其立传者众就与此有关。其二，创作过经典乃至脍炙人口之作的诗人历来是不同时代读者渴望了解的对象。诗人的生活往往与其创作之间具有某种"对应关系"，诗人传记可以将丰富多彩的文学世界同作家的个性、气质和成长经历结合起来，呈现内在的联系，满足读者阅读的期待。其三，现当代诗人一般有比较丰富的感情经历和人生经历，与同时代的文人以及其他各界名人有密切的交往与联系，这些都为传记家的写作提供了基础，传记家可以通过写作"更好地展现历史的横断面，把重要的历史事件同作家的生平联系和穿插起来，从传主的生平中发现冲突、清理线索、找出故事、吸引读者的兴趣"①。其四，现当代诗人的创作本身也为其传记书写提供了便利条件。现当代诗人的作品大多已公开出版，易于收集，相关介绍和评论也可以成为作传的重要参考文献。此外，现当代诗人因时间上的"近距离"为作传提供了基础，亲属、后人、朋友、学生以及其他亲历者，可以接受访谈、咨询等，从而在某种程度上促进了传记的写作。具有"消费性"的现当代诗人传记在传主选择中当然也会基于上述考虑，只不过在实践时常常集中于某几位诗人，在具体书写时往往集中于这些诗人一生的某一点或某几点。"消费性传记"的史料价值是大为削弱的，因此可不再承担人性的纪念、人生的示范以及认知的快乐等传记功能；它只是一种模式、一个类型、一种复制。当然，这并不是说消费形态的传记不具备出版意义。"消费性传记"本就是消费时代文学生产与消费的一种表征。它一面消费传记本身的固有价值，另一面依靠传记本身的基本形构，实现通俗化与社会化，在符号化的同时，割裂历史与美学。

最后，从阅读主体上说，一方面，消费形态的现当代诗人传记很难让读者深入了解传主的一生，自然也难以带来阅读的满足和人生的启示。另一方面，消费形态传记的出现在客观上又深刻地反映了读者的阅读水平，读者的阅读趣味、猎奇欲在很大程度上促进了消费形态传记的产生。上述复杂而辩证的关系，提醒我们应将传记生产过程中出版社等中间环节考虑在内。从近年来现当代诗人传记出版的具体情况可知，出版社的层次、利益追求等主客观因素，同样是传记消费需求产生和如何消费的重要前提。将出版社和传记多重主体的蜕变进行综合考察后，反思近年来现当代诗人传记生产与

---

① 杨正润：《现代传记学》，南京大学出版社，2009，第 265 页。

消费的课题也必然要进一步地深入下去。

　　总之，时间的限制和写作的不平衡是影响现当代诗人传记史料价值的一个方面，同时也是现当代诗人传记写作过程中需要面对的实际问题。随着现当代文学从业者越来越多、研究越来越深入，现当代诗人传记会在外力的挤压下，涉及更多诗人，而现当代诗人传记亟待突破的瓶颈也在于此。

二　"地域性问题"的初探

　　按照一般的理解，谈及现当代诗人传记书写的地域性问题，很容易首先联想到当地人写当地作家有得天独厚的优势。作传者与传主同属一地，易于把握传主的生活环境，当地的文化传统，风俗习惯等外部条件，同时，会因"地近则易核"而易于了解传主的家族史、成长经历，因此在成书之后，其真实性和可信度也相对高。这种理解方式作为一种常识，从现当代诗人传记书写的整体角度加以考察，自是不会存有问题。然而，一旦结合现当代诗人传记的具体个案及写作实际，则会发现：所谓传记书写的"地域性"其实是一个复杂的问题，它受传记写作主客观因素的影响，写作者和传主同属一地仅发挥一定的作用；此外，传记书写的"地域性"会在某种情况下成为一种限制，进而影响传记的写作。为此，有必要深入探讨这一课题。

　　笔者于2015年开始逐步搜集现当代诗人与作家的传记，并随着工作的不断深入而发现"地域性"的问题。由于专业的偏好和取向（也可以称为某种限制），笔者习惯从现当代文学史特别是现当代诗人作品研究的角度，考察现当代诗人传记的实绩和文献价值。而以成书意义上的现当代诗人传记为主要研究对象，探究其地域性问题时，会有意无意地忽略现当代诗人自传（还包括回忆录、访谈录等）这一重要类型。虽说"自传"书写中同样会有地域性的成分，但这种由自己讲述自己而自然流露出来的内容，往往在书写层面并不具有所谓的"问题性"——"地域性"是一个认知性的话题，它只有对诗人的生平特别是创作产生特殊影响时，才可能成为探究传记书写的一个重要方面。相比较而言，现当代诗人"他传"往往会在时间和空间上更具"地域性"言说的可能，因为客观、有逻辑、有深度地分析往往比简单的自述更能说明问题。这种堪称前提式的确定是十分必要的，因为它可以使我们的研究范畴和对象更为具体、明确和集中。

现当代诗人传记可以作为现当代作家研究的重要资料之一，同时，其本身就是现当代作家研究之一部（尤其指那些高质量的"评传"），是以，将现当代诗人传记视为现当代诗人及其作品研究重要的参考文献，从而促进了现当代文学史的写作是成立的。不过，如果将现当代诗人传记的"地域性"理解为凸显某一地区文学研究的特色及实绩并可以填补以往研究之空白，那么，从现当代文学史的视野来看，这个诗人极有可能不是一般意义上公认的一流诗人。结合现当代诗人传记书写的实际情况可知：那些公认的、已经在文学史书写过程中确立经典化地位的诗人，往往会由于关注度高而突破相对狭窄的"地域性"界限：无论从作传者数量本身和传记来看，都为数众多；作传者的写作动机更符合传记功能的实现的特点，如"人性的纪念""人生的示范""认知的快乐"① 等。与之相对应的，

---

①　关于"传记的功能"及其包括的内容，本文主要依据杨正润的《现代传记学》中的观点，具体见该书第191～228页的相关论述，南京大学出版社，2009。

则是局限于"地域性"视野之中的作传者和传记文本，在具体构成方面上较为单一，传记的"地域性"显著且常常和本地文学研究的任务及实践紧密地联系在一起。当然，正视以上所述的"地域性"问题特别是后一种情况，只是从现有文学史写作的实际出发，绝不是贬低某位传记数量较少的诗人及其文学成就。相反地，那些"地域性"明显、数量较少的现当代诗人传记恰恰能为现有的文学史书写提供补充。因此，现当代诗人传记书写的"地域性"问题也就在某种程度上转化为诗人传记与文学史书写"对话"过程中最具活力和潜力的部分。现当代诗人传记书写的"地域性"问题可能会在未来的某一天影响到相关文学史书写的内容与格局，表明现当代诗人传记的"地域性问题"还可以和现当代诗人传记的"时代性"联系起来并具有某种"未来意识"，而像近年来部分现当代诗人传记的书写从早年的作者与传主同属一地到地域范围的持续扩大，正说明现当代诗人传记的"地域性"认知，从不是一个简单的、孤立的问题。

现当代诗人传记书写的"地域性问题"还受到出版因素的影响，这一点，在究竟参考、使用何种版本的现当代诗人传记等过程中同样是一个需要注意的方面。以"福建现代作家传记丛书"中的《冰心传》（卓如著，海峡文艺出版社，1998 年版）；"浙江文化名人传记丛书"中的《时代的吹号者——艾青传》（骆寒超、骆蔓著，杭州出版社，2005 年版）；"云南百位历史名人传记丛书"中的《花潮歌者——李广田》（张维著，云南人民出版社，2016 年版）为例，三个系列的传记丛书就出版策划、丛书命名及内容和具体出版过程来看，都符合"地域性"的特征并有助于凸显当地的文学历史和成就。但考察这些传记的著者，其还在不同时间、不同出版社出版过同一诗人、不同版本的传记，如卓如的《冰心传》（上海文艺出版

社，1990 年版）、《灿若繁星——冰心传》（台湾业强出版社，1991
年版）、《冰心》（四川人民出版社，2003 年版）、《冰心全传》（上
下，河北教育出版社，2007 年版）；骆寒超的《艾青评传》（重庆出
版社，2000 年版）、《艾青评传》（重庆出版社，2001 年 2 版）；张
维的《李广田传》（云南大学出版社，1990 年版）、《李广田》（金
城出版社，2011 年版），等等，则不难发现：上述不同时间、不同
出版社出版的同一著者所著的同一诗人传记，彼此之间在字数、容
量以及叙述形式上往往是有区别的。因为以地域命名的"系列丛书"
会考虑到出版的整体规模以及具体版本的平衡，所以，往往会在整
体上强调地域特色的同时有意无意地确立一种书写的标准。这种情
况在某"系列丛书"包含的传主数量多，身份多元，且年龄差异较
大的前提下，会表现得尤为明显。① 因此，从"地域性"的角度考
察、使用一个诗人的传记，究竟采用何种版本又成为一个比较和选
择的课题，它在实际上对读者阅读特别是研究者提出了更高的要求：
后者不仅要了解此诗人传记的整体写作情况，而且要了解"地域"
因素对诗人传记可能产生的影响，进而选择那些信息量大、内容丰
富的传记作为"善本"。

除此之外，在肯定本地人写本地人具有"地域性"优势的同时，
也必须客观地、辩证地看待某种优势也会在一些情况下成为限制。
写作者和传主在地域上相近、情感上相通等可能会使写作者有意回

---

① 如包括骆寒超、骆蔓所著的《时代的吹号者——艾青传》在内的"浙江文化名人传记丛
书"，就包括"古代部分"和"二十世纪部分"两部分，每部分各有人物传记50种，共
计100种。规模如此之大，传主生平跨度如此之大，在客观上需要考虑各卷的平衡。就
成书来看，每部传记大致在20万至25万字，这种"标准"和同一著者所著、在不同出
版社出版的同一作家传记如骆寒超所著的《艾青评传》（重庆出版社，2001，431千字），
往往在内容和文字上是有区别的。

避传主的缺点。同时，过分强调地域文化的影响，也会在一定程度上限制写作者从更为广阔的视野和普遍人性的角度认识和呈现传主，这种"只缘身在此山中"的问题，在 20 世纪 80 年代至 90 年代部分现当代诗人传记书写的过程中表现得较为明显。因此，突破"地域性"限制，与写作者本人的德、才、学、识等高度相关。事实上，在全球化时代，写作者完全可以通过信息、技术和自己的努力及实践的综合，克服并超越简单的"地域性"视野，秉持客观公正的立场，写出优秀的诗人传记。

通过以上所述可知：既有空间视域中的"地域性"，也有随诗人生活迁移而产生的时间上流动的"地域性"；既有写作层面和文学史整体格局中的"地域性"，也有出版意义和写作者主体方面的"地域性"，现当代诗人传记书写过程中的多重"地域性"问题，说明"地域性"本身的复杂、多义，需要辩证地认知。但无论怎样，在研讨现当代诗人传记乃至现代传记时，将"地域性"作为一个新角度、一个新侧面，可以拓展研究的论域，避免以偏概全，本末倒置。现当代诗人传记的"地域性"从不是一个孤立的问题，它往往要和传记书写的时代性、主体性、观念和立场结合起来，才更具有言说的可能和价值。"地域性"因理解的不同，还可以进一步放开，如在搜集和整理现当代诗人传记文献的过程中，笔者就发现海外现当代诗人传记有很多空白点，由于语境的不同，海外现当代诗人传记有可能成为新的言说空间，值得研究者关注。总之，从"地域性"的视角展开，有助于现当代诗人传记的写作、阅读、应用及史料价值的深入认识，同时也有利于与现当代诗人研究相结合，深化现当代文学和现当代诗人传记研究。作为一种展望，大致可以通过以上所述得出现代传记的理论生长点蕴含其中的结论。

三　"过度书写"：消费时代诗人传记
生产及其史料价值评估

随着传记研究成为当代学术研究的热点，现当代诗人传记也逐渐成为研究界关注的对象。结合近年来出版的情况可知：现当代诗人传记数量多、种类多但质量并不均衡，已成为一个不争的事实。现当代诗人传记在生产过程中呈现的表面繁荣的景象，对传记研究来说既是机遇，又是挑战。近年来现当代诗人传记的出版虽为传记研究提供了丰富的个案，但如何评价这些传记进而为作家传记的写作与研究提供有益的经验，也随即成了一个难题。

进入 2011 年后，现当代诗人传记出版迅速形成一股浪潮。这一时期出版的现当代诗人传记不仅周期短、速度快、数量大，而且在逐步类型化的过程中衍生了新的传记形态。其中，一个突出的现象是部分现当代诗人的传记被反复书写、频繁出版，呈现过度消费的倾向。出于行文的方便，笔者首先将这类传记总体命名为"消费性传记"。"消费性传记"大致可以从 2011 年 8 月文汇出版社推出的署名"流云"著的《花开绵密的人间四月天：林徽因文传》算起，后逐渐发展为系列丛书、集束出版。① 时至今日，这类传记主要包括

---

① 如文汇出版社在 2011 年 8 月推出流云的《花开绵密的人间四月天：林徽因文传》之后，又以同一种装帧风格相继推出了周鹏程的《烟花绽出的急景流年：徐志摩诗传》，2012 年 2 月版；陈又的《寂寞烟云的绝世风华：陆小曼情传》，2012 年 4 月版。此外，由同一出版社依次推出的现当代作家传记还包括：谢国琴的《金粉世家里的啼笑因缘：张恨水文传》，2012 年 7 月版；周汉的《春风沉醉里的翰墨春秋：郁达夫文传》，2012 年 8 月版；陈韵鹦的《底影青灰的遗世浮欢：张爱玲文传》，2013 年 4 月版；吴伟静的《呼兰河畔的萧萧落红：萧红文传》，2013 年 4 月版，共 9 种。这些传记虽未命名为何种丛书，但就整体情况来看，符合系列丛书的特点。

"白落梅经典散文系列"、"倾城才女系列"、"烟雨·民国·书系"、"民国·沉香女人系列"、"诗意传奇书系"以及"轻传记"丛书、"多情诗者"书系、"风花雪月是民国"书系等。其特点主要表现为几个方面：其一，数量大、出版形式多样，在近年来出版的现当代诗人传记中占有绝对的优势；其二，著者基本是自由作者、畅销书写手，一人先后出版多种传记且可自成"书系"；其三，在传主选择上因反复书写而集中于一份固定的"诗人名单"，这份名单主要包括现代诗人徐志摩、林徽因，以及当代诗人海子、顾城。作为一种"传记前史"，他们的经历大都能引起大众读者的兴趣，隐含着可消费的契机。可以列入这份名单，则至少需要符合"传奇人生""复杂的感情经历""死亡神话"三个标准之一，因此，当他们由历史人物转化为文本主体之后，其传记作为物质化产品，就成为消费品；其四，写作上的类型化、模式化，阅读价值不大，有明显的商品意识。

"消费性传记"以其"消费性"为突出特征，影响着近年来现当代作家传记的出版与传播。与这种"消费性"倾向既相区别又相联系的，是"图本式传记"成为近年来现当代诗人传记出版的另一道风景。"图本式传记"可列举长春出版社出版的"图本中国现当代作家传"丛书和江西人民出版社出版的"文化的记忆丛书"①，等等。限于篇幅，仅以长春出版社的"图本中国现当代作家传"丛书为例：该丛书由温儒敏担任总主编，2011 年 1 月出版第 1 版，陆续出有《图本胡适传》《图本鲁迅传》《图本郭沫若传》《图本郁达夫传》《图本茅盾传》《图本老舍传》《图本徐志摩传》《图本张爱玲

---

① 主要包括《鲁迅画传》《茅盾画传》《郭沫若画传》《巴金画传》《老舍画传》《沈从文画传》《叶圣陶画传》《闻一多画传》《徐志摩画传》9 种，于 2015 年陆续出版。

传》《图本林徽因传》《图本丁玲传》十种，其中，胡适、郭沫若、徐志摩、林徽因的传记系现当代诗人传记。该丛书于 2015 年 1 月出版第 2 版并在封面设计上有一定的调整，更显"图本"效果。其作者队伍主要由高校学者构成。其写作特色正如"总序"中所归纳的主要包括四点："一是图文互动""二是回归日常""三是史家笔法""四是优美可读"。此四点从阅读效果上看，既有"浓重的历史现场感"，又有特定时代的"个性的生命体"呈现；既强调了"厚实的学术支持，有史家的眼光与方法"，"丰富了对文学史的理解"，又带有浓厚的"科普"① 特点，平易可读。相对于以往有代表性的现当代作家传记，如北京十月文艺出版社于 20 世纪 80 年代开始陆续出版的"中国现代作家传记丛书"、"图本中国现当代作家传"，图文相间，图文并茂，力求探寻学术传记与大众阅读之间的"共通之路"。它充分反映了"读图时代"对作家传记在生产和消费两方面所产生的潜在影响，是近年来现当代作家传记生产中一种有规模的、有针对性的实验之作，具有较为明显的融学术研究和大众阅读于一体的特征。

　　"图本式传记"雅俗共赏，同样反映了近年来学术性传记逐步走向大众化、消费化的倾向。与此同时，必须看到的是学术研究性传记的坚守。以南京大学出版社出版的"中国现代文化名人评传丛书"②（精装本）为例，该丛书总主编为张一兵、执行主编为丁帆。

---

① 温儒敏：《〈图本中国现当代作家传〉总序》，载易竹贤、陈国恩《图本胡适传》，长春出版社，2011，第 1～3 页。

② 该丛书虽名为"中国现代文化名人评传丛书"，但就传主选择情况来看，都可视为现代作家，且此丛书是"教育部南京大学新文研究中心酝酿多年的一个课题计划"，从写作者的经历、构成的角度看，也会选择现代作家为主要写作对象。故此，可作为"现代作家评传丛书"看待。

自 2012 年 1 月推出贺仲明的《何其芳评传》以来，陆续出版范伯群、曾华鹏的《郁达夫评传》，董健的《田汉评传》，苗怀明的《吴梅评传》，袁进的《张恨水评传》，易彬的《穆旦评传》，秦林芳的《丁玲评传》，戴光中的《赵树理传》，钟桂松的《茅盾评传》以及程光炜的《艾青评传》，共十种，其中，何其芳、穆旦、艾青的评传系现当代诗人传记。该丛书的作家队伍也主要是由高校学者构成，且其中很多是学界前辈、著名学人，其部分版本是在此前已有的基础上修改而成。在充分了解"近三十年来，海内外陆续出版了许多文化名人的传记和评论著作"的背景下，该丛书突出"强调的是关于怎样在大量的史料基础上完成评与传的问题，尤其是传的部分，如何运用合理的'历史的想象力'，应该是每一个学者应该持有的基本价值立场。""本着兼顾学术性与可读性的原则"，这套丛书"明确要求作者将'传'与'评'尽可能完美地结合。所谓'传'，是作者以叙事的方法再现传主的生活历程，所谓'评'，是作者直接站出来阐释、论述传主的人生意义与文化成就"①。相对于此前有代表性的现当代作家评传，如重庆出版社于 20 世纪 90 年代陆续推出的"中国现代作家传记评传丛书"②，"中国现代文化名人评传丛书"有意选择了何其芳、穆旦等以往很少有传记的现代诗人作为传主。在史料上力求扎实、写作态度上力求严谨等特点，使其具有很高的阅读和参考价值，可作为典型的"学术性传记"加以使用。阅读这套传记丛书，人们可以感知此类传记是传主的文学评价史，而其将作

---

① 丛书编委会：《〈中国现代文化名人评传丛书〉总序》，载贺仲明《何其芳评传》，南京大学出版社，2012，第 1~4 页。

② "中国现代作家传记评传丛书"，重庆出版社于 1993 年开始分四辑陆续出版，截至 2000 年陆耀东的《徐志摩评传》出版，共计出版现代作家评传 30 种。

家经典化的写作诉求，更是值得敬佩。

　　上述三类传记的出版，基本反映了近年来现当代诗人即现当代作家传记与市场博弈的关系及由此呈现的种种文本形态。值得指出的是，三类传记虽各有侧重、彼此之间有差异性，但就具体出版形式来看，又不约而同地具有"一种共同趋势"，即在整体上以"丛书""系列"为主的生产方式。相对于自 20 世纪 90 年代开始的现当代诗人、作家传记常常面临出版难、无人问津的局面①，"丛书""系列"容易引起读者的关注，可以在显示规模的同时凸显现当代诗人传记写作的厚度、广度和实绩。这种生产方式会对出版进度、市场反响以及阅读传播等起到促进作用。"丛书""系列"的规模增长，一方面使"消费性传记"处于自我"复制"的过程中，另一方面使进入"固定名单"的传主被过度消费。仅以"林徽因传"为例，2011 年以来面市的有关这位女诗人的消费性传记已达 70 余种（第 2 版、再版、修订版及不同时间出版的同一作者同一本传记均按独立的一种计算），这典型地反映了出版中的非理性与非正常化的现象。为此，考察现当代诗人传记，不仅要分析其究竟选择了何种出版形式，更重要的是还要探究这些传记的写作立场、出版目的及其消费所承载的意义和价值。

　　从某种意义上说，所有的生产都是为了消费：消费可以实现生产即创造过程的价值，反过来又可以影响并促进生产。现当代诗人传记作为以传主身份确认的一种传记类型，需要市场的参与、消费

---

　　①　比如，在美国学者金介甫所著的《沈从文传》之"译后记"中，该书译者符家钦就曾结合此书出版经历指出"近年"出版界面临着"订数大为滑坡，学术作品更无人问津"，自己的译书屡遭出版社拒绝的尴尬局面（时事出版社，1990，第 384 页）。这种情况较为真实地反映了 90 年代以来出版界的现状和生态。

者的阅读，从而以收回成本、实现其价值，但过度便损害了这一行为本身。结合近年来现当代诗人传记的出版情况，不难看出："图本中国现当代作家传"丛书的"图文互动""科普"特点，以及使"文学史研究专深的成果"转化为"平易诱人"① 的传记论说的设想，本身就带有一定的大众消费意识；"中国现代文化名人评传丛书"在写作中"充分注意到了本套丛书的受众面——既要为少数文化研究者提供可资参考的史料和学术视野，同时也要兼顾广大文化和文学爱好者拜视文化名人的嗜好，为文化普及做好基础工作"②，以及为了丰富丛书的"直观性"，要求作者尽可能提供一些有关传主的"图像资料，内容包括生活照、手稿、书影等等"，也是结合了学术研究和消费市场的考量。但与此同时，我们必须看到：在上述两种传记生产的过程中，传记写作者们大都秉持严肃的学术研究立场，并对自己笔下的传记是否会沦为简单的消费品保持了足够的警醒：

> 这套书虽然面向普通读者，却有厚实的学术支持，有史家的眼光与方法。编撰者都清楚意识到，现代作家传记的写作其实就是文学史研究的一支，内容的真实性与可靠性是前提，而且因为立足真实，还可以纠正或补充文学史之不足。③

---

① 温儒敏：《〈图本中国现当代作家传〉总序》，载易竹贤、陈国恩《图本胡适传》，长春出版社，2011，第2页。
② 丛书编委会：《〈中国现代文化名人评传丛书〉总序》，载贺仲明《何其芳评传》，南京大学出版社，2012，第4页。
③ 温儒敏：《〈图本中国现当代作家传〉总序》，载易竹贤、陈国恩《图本胡适传》，长春出版社，2011，第2页。

毫无疑问，我们这个时代已经进入了一个文化消费的时代，我们不能要求每一个人都是守成主义者，固守拒绝任何想象的传统"评传"写法，摒弃一切文学的想象和合理的推论。但是，我们绝不提倡那种以出卖传主隐私而获得名利的商业性炒作，反对那种"演义化"的写法。因此，本丛书的编撰原则就十分清楚了，广大读者也可从中看出某种端倪。①

不片面迎合市场、不以消费为目的，追求学术品位和研究品格，并在适度迎合读者阅读趣味的同时提倡"自然消费"与"合理消费"，进而凸显现当代诗人传记应有的时代性特征，本身就符合传记发展的一般性规律。

为了全面展示"消费性传记"给市场和写作本身带来的"变化"，本章主要通过如下四方面加以阐述，进而凸显其"课题性"。首先，是出版策划上的"小丛书系列"与"多方合作"。"消费性传记"虽同样集中在一套"系列丛书"之内，但规模往往不大，有明显的投入少、出版快和见效快的倾向；且在出版策划方面，该类型传记还有独立的"选题策划方"运作或者"选题策划方"与出版社共同合作的现象。以多次与中国华侨出版社合作的"翰林文轩"为例，"风花雪月是民国"书系、夏墨的《我的顾城，我的海子》以及朱云乔的《面朝大海，春暖花开：海子传》等，就是策划的主要类型。"选题策划方"独立存在，既可以联系出版社，参与"丛书"设计，又可以联络、组织固定的写作者，是消费时代文化市场运作方式之一。其次，固定写手的出现与写作的泛化及类型化。现当代

---

① 丛书编委会：《〈中国现代文化名人评传丛书〉总序》，载贺仲明《何其芳评传》，南京大学出版社，2012，第4页。

作家传记的"消费性"催生了一批传记写手，如白落梅、夏墨、朱云乔、李清秋、朱丹红、王臣、翟晓斐等。他们不仅写作数量多、速度快——一个人可以同时出版几种传记，而且传记视野广——相关人及不同时代的传主都有涉猎。如夏墨先后写作林徽因、徐志摩、海子、顾城传记，张爱玲、萧红、陆小曼、张幼仪等人也成为其传主；李清秋除了写张爱玲、三毛、萧红、海子这些现当代作家传记，还写过《一江春水千古愁：李煜词传》《人生若只如初见：纳兰词传》；朱丹红的"倾城才女系列"还包括同是北京工业大学出版社出版的，李清照、蔡文姬、上官婉儿、卓文君等传主的传记。此外，署名朱丹红的作者还在同一出版社推出过白居易、李商隐、王维、李白的"大唐才子诗传"，等等。值得注意的是，上述作家传记还有书名一致、作者身份模糊、内容相近使写作者身份存疑的现象。如吴韵汐和夏墨都写有《我不知道风是在哪一个方向吹：徐志摩诗传》；朱云乔的《面朝大海，春暖花开：海子传》、江雁的《海子诗传：我只愿面朝大海，春暖花开》以及夏墨的《我的顾城，我的海子》的"海子部分"，三本书虽著者不同、书名不同、章节目录不同，但其文字内容是完全一致的。从三本传记封底印刷的"推荐媒体"、"选题策划"以及"投稿信箱"等信息的相近程度看①，其利用海子神话，出版畅销书、实现商业盈利的写作目的非常明显。最后，"相近的装帧"与"相似的命名"。"相近的装帧"主要指这类作家传记在外部形式上大多朴素、简约而又不失美观，彰显了"低

---

① 指此三部传记，在封底的"强势媒体 联袂推荐"栏目中都包括"网易读书"、"腾讯读书"、"搜狐读书"、"天涯文学"、"豆瓣读书"和"翰林文轩"六家媒体，其中，朱云乔版将"翰林文轩"置于"选题策划"位置。此外，三部传记在封底记录的"投稿邮箱" hanlinwx@ sina. com 也基本反映了策划者的一致性。

成本、低价格、高回报"的营销策略；在内部形式上，大多文字量适中，多采用诗行排序、段数较多且行间距较大，引文无出处、无注释等是其显著特征。"相似的命名"是指其在"丛书"命名上和每本书命名上具有相似的风格：如在"民国文化热"潮流中出现的"风花雪月是民国"书系和"烟雨·民国·书系"、"民国·沉香女人系列"等；以及在书名上多使用主标题与副标题结合的形式，且前者多使用传主的一句诗或与传主有关的一句话，以留有想象空间、引起读者的兴趣。第四，对传统传记写作和研究形成挑战。按照一般的划分方式，现当代作家传记可分为"自传"与"他传"两种基本形态；在篇幅上可分为短篇传记、中篇传记、长篇传记、集合传记四种基本形式。上述划分方式由于着眼点不同，常常相互交叉。需要强调的是，由于"他传"在传记写作实践中占有绝对的数量优势，因此又可"向下层递"划分为更具体的类型。比如，从叙述性和评述性的角度，"他传"就可分为"传"与"评传"两种；从性质分类的角度，"他传"又可分为"历史传记""学术传记""文学传记""通俗传记"等多种形式，等等。显然，就传记文本的成书形态来看，传记类型划分是一个相对的、实践的课题：任何一种传记类型都需要通过创作凸显自身的形态，且彼此之间没有绝对的界限。此外，传记又会随着时代的发展而不断衍生出新的形态，"画传"、"图传"、"多传主传记"、"影视传记"、"电子版传记"以及受现代派、后现代派文学思潮影响而产生的"现代派传记"、"后现代派传记"都属于与时俱进的产物。对比以往现当代诗人传记的类型，近年来"消费性传记"在实践上又呈现了难以归类的问题：除了在命名上出现了诸如"诗传""文传""情传"等新的形态，成书时出现"传记加传主作品集"、"传记文集加传记"以及"两个传主合集"① 等新的形式之外，其在具体写法上也常常由于面目雷同而难以做进一步的区分（如"传""评传"等）。这些新现象需要相应的命名和研究加以回应。作为一种暂时性结论，笔者倾向将其整体纳入"消费性传记"的同时，再细分为"故事传奇""散文随笔"两种。

通过以上四方面分析，我们可以清楚地看到："消费性传记"从生产到消费均具备了一般消费品的特征。通过利用读者的"好奇心"和"缺乏了解"，近年来现当代作家传记出版实际上已呈现了波德里亚所言的"在空洞地、大量地了解符号的基础上，否定真相"② 的状态。可以说，在消费形态的现当代作家传记中，至少拥有"传奇人生""复杂的感情经历""死亡神话"三个标准之一的传主已成为符号——只要有"符号"，就可以在变换外在形式等前提下持续生产，进行消费。集"可消费/消费"于一身的"符号"既是消费的起点，又是消费的终点。至于"符号"及其文本究竟有多少意义、价值，以及是否解构了作家传记的核心部分，都变得无关紧要，也无足重轻。

消费性传记的大量出现，自然会影响现当代诗人传记的史料价值，同时也对传统意义上的传记概念形成了理论挑战。现当代诗人

---

① "传记加传主作品集"，可列举署名"王臣作品"的《喜欢你是寂静的：林徽因传》随书附赠《你是人间的四月天：林徽因经典作品集》，湖南文艺出版社，2012。在销售中，两本书是合在一起的。"传记文集加传记"可列举《你是爱，是暖，是希望：林徽因文集·林徽因传》，该书顾名思义，分两部分，作者署名"林徽因　姜雯漪"，中国华侨出版社，2014。"两个传主合集"可举夏墨的《我的顾城，我的海子》，该书前半部分为"顾城传"，后半部分为"海子传"，中国华侨出版社，2014。

② 〔法〕让·波德里亚：《消费社会》，刘成富、全志钢译，南京大学出版社，2001，第13页。

传记史料价值缺失，失去了参考价值，无法实现传记的基本功能，为现当代诗人传记发展带来了隐忧。如果从市场的角度看，这种状况在短期内无法避免，不仅如此，它还极有可能对传统的传记写作模式形成冲击，产生新的问题。但现当代诗人传记的史料价值又是其立身之本，因此，根据史料意义对现当代诗人传记进行区分势所必然。这种区分在具体展开时不仅涉及传记文本层次，涉及传记家的身份，而且涉及专业阅读和一般意义上的阅读，以及现当代诗人传记伦理的建构。总之，现当代诗人传记在史料价值上具有层次性是时代的现实，随着传记写作的扩展、理论探索的深入和读者阅读素养的提高，现当代诗人传记将会回归发展的理性。

结束语　现当代诗人传记史料建设
与研究的历史展望

　　结合之前数章内容，可以看到：现当代诗人传记正处于向前发展的态势，其史料问题研究也处于探索阶段，仍有很多值深入研究的内容，这使现当代诗人传记研究有十分广阔的前景。而从研究本身来看，现代传记研究的方兴未艾以及其几乎不被作为独立的研究对象等，又给研究者提出了挑战。

　　当然，少人问津也意味着基础建设的薄弱：现当代诗人传记虽在作家、作品研究中起重要作用，但较为系统、详细的文献资料整理工作还未开展，至于港澳台以及海外华文地区出版的相关传记，更是整理和研究的薄弱环节。因此可以说，现当代诗人传记研究的基础工作尚未全面展开，亟须建设，进行史料建设与问题研究具有理论和实践的意义。

　　现当代文学史料研究已成为近年来学术研究的热点话题，因此现当代诗人传记的资料整理和研究，同样具有广阔的前景。话虽如此，作为研究者，必须注意的是：现当代诗人传记的文献整理和研究是全新的领域，受到领域狭窄的限制。现当代诗人传记作为独立的研究对象，范围的限定往往使其论域无法充分地展开。为此，在对于现当代诗人传记这一具体对象进行深入开掘的同时，如何思考研究的相关性和能产性，成为一个需要面对的课题。

总之，现当代诗人传记的史料问题研究，作为一个多元交叉的课题，是现当代诗歌、现当代文学与现代传记融合、碰触的结果，"史料问题"又使这一研究具有联系当下、面向未来的特性。我们希望现当代诗人传记的史料问题研究可以取得一些成绩，从而打开新的话语空间。实践中，研究也会为写作提供有益的经验。

附录一 "徐志摩传"现状考察
及史料价值问题

　　相对于众多关于徐志摩的研究与介绍性资料,"徐志摩传"由于具有传记文学的本质属性,自诞生之日起,就是一个独特的现象。据统计,从 20 世纪 60 年代末至 2016 年底,国内出版的各种"徐志摩传"已近 40 部(包括修订版与重印版)。"徐志摩传"出版数量多、覆盖区域广,既说明徐志摩在读者中的影响力,也说明"徐志摩传"的出版符合相应的时代文化语境,有着相对广阔的市场。通过阅读这些传记,人们可以从不同角度了解徐志摩的一生,特别是其文学成就,但随之而来的疑问则是传记家为何频繁为徐志摩作传,它们彼此有何不同之处,各自有何种意义、价值,又存在哪些问题?在此前提下,考察"徐志摩传"的写作现状,分析其历史价值,将在呈现"徐志摩传"的实绩与不足的同时,促进阅读与实际应用,并为现当代作家传记写作与研究提供经验借鉴。

一

　　徐志摩生于 1897 年 1 月(公历),1931 年 11 月因飞机失事离世，享年 35 岁，可谓英年早逝。徐志摩死后，许多人著文怀念这位才华横溢的诗人，其中不少怀念之作都是具有传记性质的，只是言及独立的、成书意义上的"徐志摩传"，则是 30 多年之后的事情了。按照邵华强编《徐志摩研究资料》的记录，1969 年 11 月台湾天一出版社就已出版了由朱传誉主编的《徐志摩传记资料》。① 该书在十年后又被作为朱传誉主编的五卷本《徐志摩传记资料》② 的"第一册"再次出版，从内容上看主要是研究资料汇编。不过，考虑到该书基本收录了刘心皇所作的系列文章《徐志摩与陆小曼》，而后者又曾于 1978 年出版单行本③，是符合港台地区作传特点的"徐志摩传"。是以，一方面可将其归为徐志摩生平资料汇编，另一方面可视为徐志摩传记之一。继刘心皇的《徐志摩与陆小曼》后，港台地区最具影响力的"徐志摩传"当属梁锡华于 1979 年在台北联经出版事业公司出版的《徐志摩新传》。④ 刘心皇的《徐志摩与陆小曼》、梁锡华的《徐志摩新传》以及朱传誉主编的《徐志摩传记资料》（五卷本），是 80 年代之前港台地区出版的、产生过重要影响的"徐志摩传"。80 年代之后于大陆出版的"徐志摩传"，如由陆耀东撰写的、在出版时间上堪称大陆第一部"徐志摩传"（具体见后文笔者的统计）的《徐志摩评传》就曾多次援引上述著作。他在"前言"

---

① 邵华强编《徐志摩研究资料》，知识产权出版社，2011，第 574 页。

② 见朱传誉主编《徐志摩传记资料》（五卷本），台湾：天一出版社，1979～1985 年陆续出版。本文主要依据的是此版本。

③ 刘心皇的《徐志摩与陆小曼》系列文章，在朱传誉主编的《徐志摩传记资料》"第一册"中共收 23 篇，最后一篇 1962 年 3 月 12 日完成（台湾：天一出版社，1979，第 144 页）。该册同时收有刘心皇所作的《徐志摩的元配夫人》一文。刘心皇的《徐志摩与陆小曼》后于 1978 年在香港港明书店出版单行本，又于 1987 年在广州花城出版社出版。

④ 此书的许多章节也收录于朱传誉主编的《徐志摩传记资料》（五卷本）之"第三册"，台湾：天一出版社，1981。

中所言的"港、台和国外学者，已撰有关于徐志摩的论著多种"①，从传记写作与研究角度来说，就与此有关。

联系港台"徐志摩传"的写作背景，我们可将现有的"徐志摩传"按出版时间分为四个主要阶段（本文所指"徐志摩传"采用狭义的传记概念，即"他传"，而不包括"自传"，这一论说方式，符合"徐志摩传"写作和出版的实际情况）。

第一阶段：20 世纪 60 年代末至 80 年代初的港台写作。主要可列举上述提到的几种传记，其特点是有鲜明的港台地区特色：写法自由、视点开阔；仍保留早期或曰民国时期现代作家传记的特点，即著者（实多为编者）将作家生平、部分创作和他者研究性文字共同组合成书，与传统意义及晚近的传记书写有所不同。但由于是在港台出版，当时大陆读者无法直接看到。

第二阶段：20 世纪 80 年代中期至 90 年代大陆写作起步时期。具体包括陆耀东的《徐志摩评传》（陕西人民出版社，1986 年版）；顾炯的《徐志摩传略》（湖南人民出版社，1986 年版）；展家骥、张方晦的《飞去的诗人——徐志摩传记小说》（黄河文艺出版社，1988 年版）。这一阶段是大陆"徐志摩传"写作的起步阶段：

> 人们也许会提出责难，为什么为一个资产阶级诗人作评传？徐志摩，也值得为之写书吗？我可率直地回答：应该写，值得写。在中国赴美、英留学的人群中，徐氏是一种典型；作为诗人，更有值得研究之处……我相信绝大多数读者的立场观点与徐志摩的并不一样，但却喜欢他的诗。这事实大概可以部分地

---

① 陆耀东：《徐志摩评传》，陕西人民出版社，1986，"前言"第 2 页。

表明徐氏的诗富有艺术生命力。总结他的人生道路和创作，对读者认识那过去了的社会和历史上的人，无论从文学或历史的角度看，都不无裨益。

还不应该忘记，港、台和国外学者，已撰有关于徐志摩的论著多种，其中，有的政治偏见较突出，有的尚较客观。这个学术领域，我们有权利也有义务进入，而不应让海外学者独擅。①

是政坛、文坛的清明正气，给了我们实现这个压在心底二十多年的心愿的勇气和安全感，也为这部传记小说得以与读者见面创造了客观条件。②

出自陆耀东《徐志摩评传》"前言"和陆小曼学生展家骐、张方晦《飞去的诗人——徐志摩传记小说》"后记"中的这两段话，很好地形成了"互文"，共同交代了"徐志摩传"面市的背景。20 世纪 80 年代现代文学史研究的复苏和文学观念的更新，不仅为"徐志摩传"的写作与出版提供了相应的时代语境，而且为现代作家传记的写作与出版提供了历史的契机。"徐志摩传"在尊重历史、还原历史和追求审美诗意的前提下，结合传记文学"优良的传统"③，客观、公正地重现诗人徐志摩的一生，进而在丰富徐志摩研究的过程中，丰富

---

① 陆耀东：《徐志摩评传》，陕西人民出版社，"前言"第 2 页。

② 展家骐、张方晦：《飞去的诗人——徐志摩传记小说》，黄河文艺出版社，1988，第 360 页。

③ 展家骐、张方晦：《飞去的诗人——徐志摩传记小说》，黄河文艺出版社，1988，第 361 页。

并推进了现代文学史研究与现代作家传记的书写。

第三阶段：20 世纪 90 年代的深化时期。主要包括宋益乔的《徐志摩传——艺术与风月》（北岳文艺出版社，1990 年版），宋炳辉的《新月下的夜莺：徐志摩传》（上海文艺出版社，1993 年版），曾庆瑞、赵遐秋的《徐志摩 陆小曼》（中国青年出版社，1995 年版），文木、郁华的《万种风情无地着：徐志摩》（四川文艺出版社，1995 年版），刘炎生的《徐志摩评传》（暨南大学出版社，1995 年版），李夜平的《天教歌唱·徐志摩传》（山东画报出版社，1998 年版），顾永棣的《烦恼结——徐志摩传》（四川文艺出版社，1999 年版），刘晓云的《徐志摩新传》（青海人民出版社，1999 年版），赵遐秋的《徐志摩传》（中国人民大学出版社，1999 年版），冯亦同的《徐志摩》（江苏文艺出版社，1999 年版），杨新敏的《徐志摩传》（团结出版社，1999 年版）。这一阶段的"徐志摩传"书写随着徐志摩各种文字资料的发掘、整理，有了深入的发展，与此同时，"徐志摩传"常常作为现代作家研究及中外名人等"传记丛书"之一出版①，也反映了徐志摩本身参与了经典化的过程。上述趋势一方面反映了徐志摩已获得广泛的"受众意识"，出版界开始关注徐志摩的生平事迹，另一方面又在客观上反映了 90 年代中国现代作家传记

---

① 这种情况具体包括：宋益乔的《徐志摩传——艺术与风月》，系"作家艺术家文学传记丛书"之一；宋炳辉的《新月下的夜莺：徐志摩传》，系"世纪回眸·人物系列"之一；曾庆瑞、赵遐秋的《徐志摩 陆小曼》，系"'名人情结'丛书"之一；文木、郁华的《万种风情无地着：徐志摩》，系"中国现代著名作家情与爱丛书"之一；李夜平的《天教歌唱·徐志摩传》，系"二十世纪华人名人小传记丛书"之一；顾永棣的《烦恼结——徐志摩传》，系"走进徐志摩"丛书之一；刘晓云的《徐志摩新传》，系"中国现代著名作家的情与爱丛书"之一；冯亦同的《徐志摩》，系"中外名人传记丛书"之一；杨新敏的《徐志摩传》，系"中国文化巨人丛书"之一。

出版的基本态势，参与其中的"徐志摩传"在一定程度上受到丛书整体设计的限制，有相应的类型化倾向，但数量的增多会为此后的"徐志摩传"写作积累了许多有益的经验。

第四阶段：21世纪初至今的多元发展时期。具体的传记版本包括殷奎元等编著的《人间四月情：徐志摩和他生命中的三个女人》（长城出版社，2000年版），陆耀东的《徐志摩评传》（重庆出版社，2000年版），韩石山的《徐志摩传》（北京十月文艺出版社，2001年版），方慧的《徐志摩》（广东教育出版社·河北教育出版社，2003年版），张荔的《梦与醒的边界：徐志摩的女性世界》（河南人民出版社，2003年版），王青峰、刘海南、何爱英的《徐志摩卷》（蓝天出版社，2004年版），周静庭的《逝水人生——徐志摩传》（浙江人民出版社，2004年版），宋益乔的《徐志摩评传》（中国社会出版社，2005年版），韩石山的《徐志摩图传》（广东教育出版社，2005年版），郭丽莺的《雨送黄昏花易落——徐志摩与陆小曼的情爱世界》（东方出版社，2008年版），王一心、李伶伶的《徐志摩·新月社》（陕西人民出版社，2009年版），宋益乔的《徐志摩正传》（江苏文艺出版社，2010年版），周鹏程的《烟花绽出的急景流年：徐志摩诗传》（文汇出版社，2012年版），姜涛的《图本徐志摩传》（长春出版社，2012年版），宋炳辉的《徐志摩传》（复旦大学出版社，2012年版），韩石山的《徐志摩传》（人民文学出版社，2014年版），姜涛的《图本徐志摩传》（长春出版社，2015年2版），熊辉的《徐志摩画传》（江西人民出版社，2015年版），等等。这一阶段"徐志摩传"的写作特征主要体现为数量多、样式多，出现了以"图本""画传"为主要形式的版本；许多传记版本或是再版修订，或是变换书名、稍做改动，表明"徐志摩传"已进入"重写"的状态;"徐志摩传"的生产与消费连接日趋紧密,越来越能反映当前社会文化语境的消费特征,利用徐志摩受众喜爱程度的消费性传记开始出现,版本质量参差不齐;电视剧改编,如《人间四月天》,对徐志摩生平传播产生了巨大的推动力,"徐志摩传"有和影视传媒相互结合的倾向,其传记内涵也由此呈现多元化的理解趋向。

综观"徐志摩传"的四个发展阶段,其书写已呈现多元的发展态势,并由早期与文学研究、文学史研究的拓展与深化有关,发展为晚近的大众文化接受和读者期待。鉴于徐志摩的故事会在口耳相传中不断流传下去,徐志摩的资料发掘、整理与研究还有很大的空间,所以,"徐志摩传"的写作还应当有广阔的前景。但值得注意的是,"徐志摩传"的生产与消费也会越来越受到市场的制约,部分"徐志摩传"的文学价值和历史价值会降低,因此在具体阅读与应用需要甄别、选择。需要指出的是,除上述提到的各阶段出现的由他者所著的"徐志摩传"之外,江苏文艺出版社曾于1997年出版过《徐志摩自传》一书。这本书虽名为"自传",但实际上是编者从徐志摩留下的诸多文章中选取关于生平、生活、思想、志趣、性格、文学创作、爱情、婚姻、友谊等方面的文字,按照编年史的形式连缀而成①,属于一本特殊形式的传记。《徐志摩自传》出版多年后,又有张明林编著的《徐志摩自述:传奇故事》(西苑出版社,2011年版);署名徐志摩著的《我的世界太过安静》(中国工人出版社,2013年版);徐志摩著、文明国编的《徐志摩自述》(安徽教育出版社,2013年版)等类似的版本出现。这些在总体上可以归入"徐志

---

① 《徐志摩自传》,江苏文艺出版社,1997,"后记"第361页。

摩自传"范畴的传记版本的出现，使"徐志摩传"在整体上分为
"自传"和"他传"两个基本类型的同时，有了更为复杂多样的形
式，而"徐志摩传"的应用也由此获得了更为广阔的空间。

二

　　如果仅从命名的角度看，"徐志摩传"已有传、评传、传略、新
传、诗传、图传、画传、传记小说、故事以及他者编辑的"自传"
等多种。然而，这些仅依据书名加以划分的类别在实际阅读中往往
又不具有太大的参考价值。结合现有各种作家传记的具体写作情况
可知：由后人所著的侧重叙述性的"传"和侧重评述性的"评传"，
从阅读的角度看往往区别并不十分明显，尽管从严格意义上说，作
家的"传"接近融文学和历史于一体的独立创作，而作家的"评
传"由于侧重评述和作品的解读更接近文学研究。作传者或曰传记
作家对于同一传主究竟采取何种写作方式，既取决于作传者本人对
于传主和自身写作的理解，也取决于策划、出版时一些潜在的因素，
而后一点在此本"徐志摩传"属于某一丛书系列时常常会变得十分
明显。当然，时代文化语境也是不得不考虑的客观因素之一。因此，
从实践的意义上说，"徐志摩传"的阅读及选择不在于究竟称为何种
"传"，而在于通过具体的阅读与比较，发现其个性、特色及长处。
此时，评判"徐志摩传"的依据不仅关乎传记"如何写"、"怎样
写"以及"写什么"，还取决于作传者即传记家的基本素养、前期
准备工作及最后的成书状态。
　　就具体版本书写情况或曰叙述方式而言，现有的"徐志摩传"
包括如下三类。其一，是"学术研究型"。主要包括陆耀东的《徐

志摩评传》（1986年版和2000年版）、刘炎生的《徐志摩评传》、赵遐秋的《徐志摩传》、宋炳辉的《新月下的夜莺：徐志摩传》和其新版的《徐志摩传》、韩石山的《徐志摩传》（2001年版和2014年版）、姜涛的《图本徐志摩传》（2012年版和2015年版）等。其主要特征为：第一，著者大多出身学院派，多是高等学校的教学工作者和研究者，有着多年的学术研究经历并在徐志摩资料整理和研究方面积累了丰富的经验；第二，文风大多严谨，有较为明显的学术规范意识，内有引文且或于页下或于每章文末加注释，可与出处两相对照、言之有据；第三，生平记录与研究、评述相结合，既能准确、翔实地呈现传主最突出的成就，又能在凸显传记版本个性的同时多样化、多角度地展现传主的一生。其二，是"阶段关系型"。主要包括刘心皇的《徐志摩与陆小曼》，曾庆瑞、赵遐秋的《徐志摩　陆小曼》，王一心、李伶伶的《徐志摩·新月社》等。其特点是通过与徐志摩有着重要关系的人或社会活动，来展现传主的一生特别是一个特定阶段或一个侧面，视角新颖、形式独特。其三，"小说故事型"。主要包括展家骐、张方晦的《飞去的诗人——徐志摩传记小说》，文木、郁华的《万种风情无地着：徐志摩》，刘晓云的《徐志摩新传》，周鹏程的《烟花绽出的急景流年：徐志摩诗传》等。这类传记多采用小说、故事的笔法，将徐志摩当作作品的主人公，着重突出其一生最能吸引读者阅读的经历，且有很多"情节""对话"融入了作者的主观想象。这类写作的出现，反映了"徐志摩传"消费意识日趋显著的态势。

　　而若从具体的形式选择来看，"徐志摩传"又可分"纵向式""总分式""倒叙式""纪传体式""图传式"五种主要形式。"纵向式"因遵循时间的自然顺序，线索清晰，故为众多"徐志摩传"所

采用,是"徐志摩传"的主要结构形式。"总分式"以刘心皇的
《徐志摩与陆小曼》、陆耀东的《徐志摩评传》(1986)为代表,主
要是前半部分或是第一部分总述传主的生平经历和思想发展情况,
后半部分或是第二部分评述传主创作的各个侧面。"倒叙式"以宋炳
辉的《新月下的夜莺:徐志摩传》及其新版的《徐志摩传》为代
表,先从徐志摩"英年罹难"开始写起,然后回溯传主一生。"纪
传体式"以韩石山《徐志摩传》(2001年版和2014年版)为代表。
正如韩石山《徐志摩传》2001版"序"中所指出的:"挖掘和梳理,
用了我三年的时间。又用了将近一年的时间,确定用这种写法,就
是旧史书的纪传体,也可以说是一种改造了的纪传体。"成书后的韩
石山版《徐志摩传》分"第一卷 家庭""第二卷 本传""第三
卷 交游"三个主要部分,外加"附录"。"想看故事的,只要看
《本传》部分就行了。涉及哪个人,还想了解得详细些,那就在
《交游》里找。想知道他的双亲和妻儿,可以看《家庭》。附录中的
《著作》和《年表》,也都各司其职。"① "图传式"顾名思义,包括
韩石山的《徐志摩图传》、姜涛的《图本徐志摩传》(2012年版和
2015年版)、熊辉的《徐志摩画传》。其主要特点是文字与照片相结
合,更为直观、生动地表现传主。值得指出的是,在"读图时代"
的影响下,除上述三种以"图""画"命名的传记之外,韩石山的
《徐志摩传》(2001年版和2014年版)、宋益乔的《徐志摩评传》
(2005年版)等,或是在正文前有大量关于徐志摩的图片,或是将
图片插入文中。"图文互动""优美可读"是传记写作进入消费时代
的一种表征。当然,就作传者本人的理念而言,"图与文互动映照,

---

① 韩石山:《徐志摩传》,北京十月文艺出版社,2001,"序"第1页。

互为阐释"，可以"更生动也更直观地叙说传主的生平。那些斑驳陈旧的老照片不光为了'好看'，也是为了制造浓厚的历史现场感，给人某种冲击，加上文字的点拨，读者就愈加真切地感受到传主及其所处的时代的那些情味"；"这种图本叙述方式既是文学的，又带有浓厚的'科普'特点，文学史研究专深的成果在这里终于转化为平易诱人的传记论说。"① "图本""画传"意义上的传记版本为"徐志摩传"写作提供了新的表现形式，而其所包含的学术意义和价值也需甄别才能得出正确的结论。

考察已有的成书情况，可以看到"徐志摩传"取得的写作实绩。第一，徐志摩的生命历程已得到了完整呈现；徐志摩的家族史、成长史线索清晰；徐志摩的生日、原名、曾用多种笔名行世以及"志摩"出现的时间，徐志摩的逝世时间及情况已得到"确证"。第二，在发掘、搜集、整理徐志摩文字资料和充分、及时关注徐志摩研究现状的基础上，部分"徐志摩传"做到了全面展现徐志摩的创作史。徐志摩何时开始创作；徐志摩在诗歌、散文、小说等方面取得的成就特别是其代表作得到了深入而精彩的解读，徐志摩创作与东西方文学的关系得到了充分的阐释，其文学史地位得到更为全面、准确地确认。第三，徐志摩的婚恋史得到了整体的再现。徐志摩与张幼仪从成婚到离异，徐志摩对林徽因的爱恋与追求，徐志摩与陆小曼的爱情都得到了较为翔实的记录。其中，部分传记对徐志摩与张幼仪、林徽因之间的"海外情感纠葛"分析得十分深入。② 第四，徐

---

① 温儒敏：《〈图本中国现当代作家传〉总序》，载姜涛《图本徐志摩传》，长春出版社，2012，第 1～2 页。

② 如宋炳辉的《新月下的夜莺：徐志摩传》（上海文艺出版社，1993 年版）和其新版的《徐志摩传》（复旦大学出版社，2012 年版），等等。

志摩的社会活动情况得到了完整的记录。徐志摩喜好交游特别是喜交名流，他拜师梁启超，在海外留学期间结识罗素、狄更生等，拜访曼斯菲尔德等，"广交名流是他的生活的极重要的一部分，也对改变和形成其政治观、艺术观和人生观有很大的作用"①。归国后，他积极接待泰戈尔访华，组建新月社，编辑《晨报副刊》《新月》《诗刊》以及创办新月书店等，使其成为当之无愧的"新月灵魂"……上述活动及实绩是徐志摩对于中国现代文学史、文化史的重要贡献。第五，徐志摩性格、人生观念的复杂性、独特性已基本得到了全面的介绍。他有理想、有抱负，"诗人学贯中西，向往西方的民主政治，视英伦剑桥为精神故乡，理想超绝而玄虚"②。他的人生观是"单纯的信仰"，只包含"爱"、"自由"和"美"③。他追求浪漫、唯美的爱情，沉醉于自然风光。而他的可爱之处，正如有的传记总结的那样——"（一）性格好""（二）对朋友好""（三）对一般人好""（四）极有风趣"④。

与之相应地，现有"徐志摩传"存在的问题及不足则主要包括传主生平记录和传记本身两个方面。其中，传主生平记录的问题可列举如下两点。第一，取"志摩"二字究竟有何原因、有何用意，说法不一。顾炯的《徐志摩传略》是较早的一本"徐志摩传"，在这本传中，作者认为"志摩"二字的说法有二：一是赴美之前父亲取的，缘于幼年时有个和尚给徐志摩摩顶算命，为了应验"必成大器"之预言，更名"志摩"；二是徐志摩在英国决定改志于文学后

---

① 宋炳辉：《新月下的夜莺：徐志摩传》，上海文艺出版社，1993，第49页。
② 顾永棣：《烦恼结——徐志摩传》，四川文艺出版社，1999，"编辑絮语"第1~2页。
③ 胡适之：《追悼志摩》，《新月》1932年1月第4卷第1期。
④ 刘心皇：《徐志摩与陆小曼》，花城出版社，1987，第43页。

自己改的，"志在摩诘"①。提供两种说法在之后由杨新敏著的《徐志摩传》中同样有"重述"，但著者对其进行了辨析，更倾向于徐志摩到英国之后，自己改名的说法。② 与上述提供两种解释的情况相比，宋炳辉在其《新月下的夜莺：徐志摩传》中，以"据说"为前提，提供了和尚摩顶的说法。③ 出于对上述说法的回避，韩石山的《徐志摩传》只强调了 1918 年 8 月 31 日徐志摩在太平洋舟中书写《赴美致亲友书》落款时最早使用了"志摩"的事实。④ 鉴于近年来的"徐志摩传"大多只强调"志摩"出现的时间，而非进行故事性地解读，笔者认为韩石山的说法较为客观、公允。第二，徐志摩的感情经历。这一点反映在现有的传记中，具体包括徐志摩与张幼仪的婚姻、徐志摩与林徽因的感情、徐志摩与陆小曼的婚姻三方面。由于徐志摩的婚姻及感情生活一直是后人津津乐道之事，所以，很容易在"徐志摩传"中或被大肆渲染或是出现不同的记录。这些现象总括起来大致有：徐志摩与张幼仪之间是否根本无感情可言？徐志摩与林徽因之间是否真的有爱情？徐志摩与张幼仪的离婚与林徽因之间的关系；徐志摩与陆小曼结婚后，陆小曼的挥霍无度与徐家对她态度之间的关系以及陆小曼在徐志摩英年早逝这件事上应当承担多少责任等几个方面。由于传主与当事人都已离世多年，又没有明确的文字记录，所以，上述几方面都只能通过一些文字记录加以考证，既不能脱离基本的事实，也无法做到事事都能得出绝对性的、

---

① 顾炯：《徐志摩传略》，湖南人民出版社，1986，第 2 页。

② 杨新敏：《徐志摩传》，团结出版社，1999，第 4~5 页。

③ 宋炳辉：《新月下的夜莺：徐志摩传》，上海文艺出版社，1993，第 12~13 页。在 2012 年出版的《徐志摩传》中，宋炳辉对此同样未做改动。

④ 韩石山：《徐志摩传》，北京十月文艺出版社，2001，第 53 页。在 2014 年出版的《徐志摩传》中，韩石山对此同样未做改动。

确切性的结论。现有的"徐志摩传"在讲述徐志摩感情经历时反复出现的文字甚至是相互矛盾性的叙述，恰恰说明"徐志摩传"本身还有很多不足，而且，这些不足就"徐志摩传"现有的发展情况来看，甚至说是难以克服的。

联系传主生平记录看待"徐志摩传"本身的问题：质量不均衡、消费意识日浓；资料不足、可信度低；重视形式、片面强调传主的感情经历特别是其"传奇"的一面，忽视传记的本质内容，具有模式化倾向；过度叙述与阐释、过度想象与虚构，等等。如何对待并适度解决这些问题，已涉及"徐志摩传"写作的本质及其意义和价值。

三

谈及"徐志摩传"书写的本质及其意义和价值，最容易想到的就是传记本身的阅读价值。事实上，人物传记由于传主身份、主要成就不同，其相应的价值特别是产生的影响也会有所不同。"徐志摩传"属于现代作家传记系列，它所具有的文本价值和社会价值除了向广大读者介绍徐志摩的生平事迹，实现传记普遍具有的"人性的纪念"、进行"人生的示范"及获得"认知的快乐"① 的功能之外，还包括学术研究、借鉴的价值以及传记自身与生俱来的美学价值和史学价值。包括"徐志摩传"在内的作家传记之所以有这样的意义和价值，与传记的本质有关。从传记文学理论研究的发展趋势来看，究竟称之为"传记"，还是"传记文学""传记作品"，在汉语表述

---

① 关于传记的功能，本文主要参考了杨正润的《现代传记学》"第四章 传记的功能"，南京大学出版社，2009，第191~228页。

和实际应用中并无本质的差别；确定传记文学内涵的关键在于如何认识"传记"的本质。从传记在具体书写时要遵循客观真实性、文学性、历史性等实际情况来看，将传记文学理解为"文史结合"的交叉现象或至少说是一个特殊、独立的门类是更符合实际的看法。"传记文学不是历史与文学的简单相加，而是两者融合而成的一种独特的文学样式，它应该从历史中找出对现在社会有启发意义、有影响的人物进行文学化的挖掘，其中优秀的作品应该达到科学和艺术的统一。"① 至于"从更广阔的视野考察"，可将传记看作"一种文化"，利用这种新观念和新提法，更能加深对传记的认识。②

通过结合传记文学理论对传记文学本质属性的阐释，我们可以看到"徐志摩传"至少包括文学、历史两方面的价值。当然，无论从专业研究角度，还是从选择"徐志摩传"作为研究对象的角度，我们会更倾向于从学术研究实践的角度考察"徐志摩传"的历史价值。正如韦勒克、沃伦在其合写的名著《文学理论》谈及"文学和传记"时指出的：

> 作家的传记和作品之间，仍然存在不少平行的、隐约相似的、曲折反映的关系。诗人的作品可以是一种面具，一种戏剧化的传统表现，而且，这往往是诗人本身的经验、本身的生活传统的戏剧化表现。从这些界说的意义来说，传记式的文学研究法是有用的。首先，它无疑具有评注上的价值：它可以用来

---

① 关于"边缘学科说或文史结合说"及引文，见全展《中国当代传记文学概观》，黑龙江人民出版社，2004，第251页。"边缘学科说或文史结合说"是传记文学属性"史学说"和"文学说"之外的说法。

② 杨正润：《现代传记学》，南京大学出版社，2009，第57页。

解释作家作品中的典故和词义。传记式的框架还可以帮助我们研究文学史上所有真正与发展相关的问题中最突出的一个，即一个作家艺术生命的成长、成熟和可能衰退的问题。传记也为解决文学史上其他问题积累资料，例如一个诗人所读的书、他与文人之间的交往、他的游历、他所观赏过和居住过的风景区和城市等：所有这些都关系到如何更好地理解文学史的问题，也就是有关该诗人或作家在文学传统中的地位、他所受的外界影响以及他所汲取的生活素材等问题。

不论传记在这些方面有什么重要意义，但如果认为它具有特殊的文学批评价值，则似乎是危险的观点。任何传记上的材料都不可能改变和影响文学批评中对作品的评价。[①]

传记（文学）在研究中的功用及其使用限度，要求我们在具体使用时必须辩证地看待其价值。作家传记在成书过程中必然经历对传主生平资料的搜集、整理、考证；对传主作品的分析、解读甚至要将某些作品和传主的生活联系起来加以互证，所以，其研究价值、参考价值是不言而喻的。对于现代作家传记，现代文学史料研究专家马良春早于1985年就著文，将其列为现代文学史料之"第五类：传记性史料"[②]。而对于现代作家传记史料的价值与应用，潘树广等研究者则认为："现代作家的年谱、年表、评传，包括其他传记，一般

---

① 〔美〕勒内·韦勒克、奥斯汀·沃伦：《文学理论》（修订版），刘象愚等译，江苏教育出版社，2005，第81页。

② 马良春：《关于建立中国现代文学"史料学"的建议》，《中国现代文学研究丛刊》1985年1期。在文中，马良春将中国现代文学史料分为七类，其"第五类"为"传记性史料"，具体"包括作家传记、日记、书信等"。

都以作家一生的生活经历和创作活动为反映和评述的内容。撰著者在成文过程中，都要经过对大量史料梳理、考订和甄别，所以常为研究者所重视。"① 谢泳则强调作家自传之外的"他传"，"在研究中国现代文学史时"，"属于'有意'的史料，或者说是次料，是第二手材料，此点要有清晰认识"②。确认"徐志摩传"具有史料的意义和价值之后，面对数量如此多的传记版本，首先要做的就是在明确"徐志摩传"基本类别和写作原则的基础上，区分其作为史料的层级，如第一层次的"自传"与第二层次的"他传"；进而找出其中的优秀之作或曰"善本"③。鉴于有关传记写作的一般原则，许多著述都曾探讨过，此处不再一一罗列。

为了更深入地研究"徐志摩传"的史料价值问题，本文首先通过"徐志摩传"写作者得出的实践经验来说明。在《徐志摩评传》的"前言"中，作者陆耀东曾言：

> 人们常说：知人不易。实际上，评人更难。因为"评"人至少得"知"人。不知或知之不多就遽作评论，难免妄评。有时即使知之甚详，且未必带着偏见，也不一定能作准确判断。④

而在刘炎生的《徐志摩评传》的"后记"中，作者曾这样介绍：

---

① 潘树广等：《中国文学史料学》（下卷），华东师范大学出版社，2012，第 1169～1170 页。

② 谢泳：《中国现代文学史研究法》，广西师范大学出版社，2010，第 128 页。

③ 此时的"善本"是形象的说法，仅强调内容且通过同类传记版本比较所得，仅具有相对含义，与专指古代典籍中的"善本"含义不同。

④ 陆耀东：《徐志摩评传》，陕西人民出版社，1986，"前言"第 1 页。

在撰写过程中，我注意了三个问题。一是真实性。真实是评传著作的生命和价值所在。此书所写的都是实有的事情，没有主观臆想和故作渲染之处。为了增强真实感，还大量引用了徐志摩原著中的话和别人回忆的文字。二是深入性。尽力将徐志摩一生的重要方面，尤其是某些突出问题，写得具体些，清晰些，让读者看了后有较充分的了解。三是科学性。尽量立足于原始材料，从事实出发，进行切实的评述。对于一些论著中值得商榷的观点，也本着通过共同研究以求得真知的精神，不揣浅陋地谈了自己的看法。①

通过作传者的自述，我们可以看到"徐志摩传"在具体写作过程中的若干必要条件。和任何一部现代作家传记一样，"徐志摩传"的写作首先应当确立正确的"传记观"，即总体上全面、准确地讲述徐志摩的一生。唯其如此，"徐志摩传"才能经受起消费时代对作家传记写作的影响。"徐志摩传"虽不像鲁迅、郭沫若、茅盾、老舍等作家的传记那样，具有鲜明的学统和正统意识，但不能抛弃应当秉持的传记伦理，更不能聚焦于爱情故事而成为简单的消费品。考察"徐志摩传"现状，笔者认为陆耀东的《徐志摩评传》（1986 年版和2000 年版）、刘炎生的《徐志摩评传》、赵遐秋的《徐志摩传》、宋炳辉的《新月下的夜莺：徐志摩传》和其新版的《徐志摩传》、韩石山的《徐志摩传》（2001 年版和2014 年版）、姜涛的《图本徐志摩传》（2012 年版和2015 年版）等，是优秀之作。其中，韩石山的两部《徐志摩传》是在写法上有创新的版本，从"家庭"、"本传"、

---

① 刘炎生：《徐志摩评传》，暨南大学出版社，1995，"后记"第306～307 页。

"交游"和"附录"(内含徐志摩的著作目录和年表等)的角度进行书写让人读来耳目一新,并能使人联想到传统的写史方法(如《史记》的纪传体笔法);刘心皇的《徐志摩与陆小曼》是"横向式"书写中的优秀之作……可以肯定的是,在已有的实践基础上,展望未来,"徐志摩传"还会有一定的提升空间。但无论怎样,在追求传记创作真善美的前提下强调材料全、理念新、观点鲜明以及传记家的写作伦理始终是重要的。而挑选其中的优秀之作或曰"善本",不仅对徐志摩的研究、文学史书写至关重要,而且,对于大众读者来说,也是一种责任乃至使命。

其次,应不断更新"徐志摩传"的史实,以求与徐志摩相关材料的发掘、整理和徐志摩研究同步。作家传记版本一旦出版,常常经历一段时间后就滞后于传主的研究,从传记需要不断更新的角度来说是一个持续性的课题。许多传记在出版数年之后出第二版或修订版,就基于这种考虑。当然,就传记的具体情况来说,所谓的"第二版"或"修订版"是否真的增补、修订了一些内容,还需要经过实际阅读的检验。以陆耀东前后两部《徐志摩评传》为例,2000年版就比1986年版有了很大的改动。与上述情况相比,"徐志摩传"与相关材料的发现和研究同步,还包括著者与研究者同为一人、著述与研究相互促进的现象。以韩石山的《徐志摩传》为例,2001年《徐志摩传》作为"中国现代作家传记丛书"之一在北京十月文艺出版社出版后,其新颖的编排形式着实让人有耳目一新之感。2005年,韩石山在多年搜集、整理、考证的基础上,于天津人民出版社出版了"收文相对最全,印制堪称精美的徐志摩著作的全集",这部《徐志摩全集》"共八卷,其中散文三卷,且置于诗卷之前。用的是分类编年体","全集最后附有《著译系年》,将徐氏全部著作按编年编排，另外还附有《单本著作目录》，可知徐氏单本著作的面貌"①。韩石山的《徐志摩图传》出版于 2005 年 11 月，与《徐志摩传》在写作形式上有很大区别，不能不说受到编辑《徐志摩全集》的影响。2014 年，韩石山在人民文学出版社重出《徐志摩传》，著者在书后曾提及"做了些修订"："修订的依据，主要是出版近十年来，学界徐志摩研究的一些新成果，还有我的自查自省。"②尽管韩石山前后出版的几种"徐志摩传"也曾引起一些争议，但其不断"修订""重写"的态度显然是正确的、符合传记写作的精神。

最后，在研究过程中，注重"徐志摩传"之间的比较和"徐志摩传"与相关人的传记的比照。在确定了"徐志摩传"中的优秀之作后，对徐志摩生平的一些事迹，仍需要在联系徐志摩第一手资料的前提下，进行传记版本之间的相互比较，进行初版本与第二版或修订版之间的比较，才能对同一件事得出较为准确的结论。此外，鉴于徐志摩自身特殊的经历，阅读与其关系密切的人的传记、回忆录，也会得到一些启示。以徐志摩最初交给凌淑华保管的、内存其文稿和日记的小提箱即所谓的"八宝箱"或"文字因缘箱"为例，此事涉及林徽因、陆小曼、凌淑华、胡适等人，至今仍堪称文坛"未解之谜"；而在"徐志摩传"中有记录的大致只有韩石山的《徐志摩传》（2001 年版和 2014 年版）、顾永棣的《烦恼结——徐志摩传》等为数不多的几种。然而，如果翻阅相关人的传记，则会了解更为详细的经过。比如：陈学勇所著的《莲灯诗梦　林徽因》，就曾专门开辟一个回目讲述"'八宝箱'悬案"，内涉徐志摩去世后关于"八宝箱"争夺的曲折复杂的人物关系以及由此产生的恩恩怨怨。在

---

① 韩石山：《徐志摩图传》，广东教育出版社，2005，第 250 页。
② 韩石山：《徐志摩传》，人民文学出版社，2014，第 457 页。

文中，著者曾转述《徐志摩新传》作者梁锡华的说法，"或许有一天，八宝箱之谜还是能揭开一部分"①。"八宝箱之谜"能否解开还需时日，不过，《莲灯诗梦 林徽因》中的记录显然有利于我们了解整件事的经过，并明确进一步研究、考证的方向。显然，不同传主的传记由于资料内容、来源的不同，往往在其"交集"的地方会有一些不同的记录，因而，从史料使用和研究的角度说，应当重视不同传记关于同一事实横向的比较。

"徐志摩传"可探讨的话题当然还有很多，比如，对片面利用"传奇人生""情爱纠葛"而沦为商品的"徐志摩传"的鉴别与指认，"徐志摩传"的出版与徐志摩文学史写作及其经典化的互动关系，传记写作者的创作伦理以及由此可以引申的不断提升读者素养的问题，如何看待港台的"徐志摩传"特别是诸如《徐志摩传记资料》（五卷本）这样难以界定的版本问题……限于篇幅，不再一一赘述。可以肯定的是，"徐志摩传"作为一个写作特别是出版现象，还将会长期持续下去。对此，我们不仅要有所期待，盼望更好的版本出现，还应采取客观、公正的眼光去阅读、甄别，促进徐志摩资料发掘、整理、研究，并且传记书写之间形成良性促动，为更为深入地了解徐志摩的一生及发掘传记书写的多重价值做出贡献。

（发表于《文学评论》2017 年第 2 期，收入本书时有修改）

---

① 陈学勇：《莲灯诗梦 林徽因》，人民文学出版社，2012，第 177 页。

附录二 温暖的回忆与坦荡的诉说

——读《生正逢时：屠岸自述》

直到这本书的"尾声"，屠岸才解释为何以"生正逢时"为题：这四个从作家吴祖光那里借来的字，意指"生活经历如此丰富，岂不是生正逢时？"① 很难想象，经历 20 世纪多次风云际会、是年已八十五岁的屠岸仍然保有如此积极、乐观的心态。他将"继续向前，绝不回头，绝不气馁"作为"尾声"的题目，小心翼翼地讲述着曾经经历过的往事。他的诉说如此坦荡，内心如此纯净，以至于让人读来心生暖意。

一 成长的足迹与多重身份的凸显

《生正逢时：屠岸自述》（以下简称《生正逢时》）从 1923 年出生开始讲起，下至 2009 年 8 月定稿之际，记录了屠岸八十五载的生命历程。《生正逢时》正文共分 19 章，其中有七章标有明确的时间，具体为："第一章　童年（1923 年 11 月—1930 年 8 月）""第二

---

① 屠岸口述；何启治、李晋西编撰《生正逢时：屠岸自述》，生活·读书·新知三联书店，2010，第 328 页。

章　小学、初中、高中（1930 年 9 月—1942 年 8 月）""第三章　大学（1942 年 9 月—1946 年 5 月）""第四章　青年党员（1945 年 8 月—1949 年 5 月）""第六章　与戏剧结缘（1949 年 5 月—1972 年 12 月）""第十章　初到人文社（1973 年 1 月—1979 年 12 月）""第十二章　受命挑重担（1980 年 1 月—1987 年 11 月）"。七章标注时间前后衔接，全面展现了屠岸的家族史和"童年—少年—青年—成年—晚近"的成长轨迹及相应的阶段分期，是《生正逢时》的叙述主线。

与这条清晰的主线相比，从"第五章　译笔初试"开始的余下12 章以"穿插"的形式置于其间，作为之前有明确时间标注一章的"有效补充"，这种"平行叙述"且彼此"交叉相间"的结构形式除了让人耳目一新之外，还在具体阅读中避免了因某一段生活史的丰富、集中和单列一章而造成的文字过密、头绪过多等实际问题。不仅如此，那些单列的、穿插其间的章节常常是为了突出屠岸在文艺工作方面的多重身份以及由此生成的人际关系史和交往史。阅读这些章节，读者不但可以看到屠岸兼有翻译家、诗人、出版家、文艺评论家的多重身份，看到他在不同文艺领域取得的成就、做出的贡献及相应的成长过程，还可以了解他在这一时段内重要的人生经历。以"第六章　与戏剧结缘（1949 年 5 月—1972 年 12 月）"和"第七章　难以忘怀的同事""第八章　荒唐岁月""第九章　几位领军文艺家"的关系为例："1949 年 5 月—1972 年 12 月"在整体上确定了这四章所述内容的起止时间。第六章主要是记述了他在 20 世纪 50 年代初期调至北京、参与创办《戏剧报》以及再到剧协戏剧研究室等工作的情况。从第七章开始，屠岸主要讲述这一时段内的交往经历：张颖、伊兵、葛一虹、唐湜、张真、田汉、张光年、吴晓邦、黄源、曹禺等与其共事、交往过且留下深刻印象的人与事，皆被详细记录。鉴于屠岸在讲述自己工作、生活和交往过程中，他所经历的人与事彼此之间也有"互见"和"交集"，如田汉、葛一虹、张颖、伊兵在第六章中也曾出现，是以，四章内容在逻辑上形成了"树状网式"叙事结构：彼此之间既各为枝干又互相交织，而这一时段的历史就这样得到了立体、繁复的再现。

值得指出的，是"第十二章　受命挑重担（1980 年 1 月—1987年 11 月）"虽标明了具体的时间，但从之后的章节叙述情况来看，屠岸的自述显然是超出了"时间的限制"。由于谈及与一些师友的交往（如严文井、聂绀弩、楼适夷、萧乾、绿原、韦君宜、牛汉等），已进入 21 世纪，所以，《生正逢时》的最后几章就明显呈现开放的状态。以翻译和诗歌创作闻名于文坛的屠岸从第十五章开始着重讲述了自己翻译的历史和诗歌创作的历程，还有自己的家庭、亲友和诗界师友。由于这些经历常常起于屠岸的青年甚至是儿时母亲的诗歌启蒙和少年时所作的习作，所以，讲述就时间上来看是贯穿一生的——相对于此前的章节，它们平行并置，既是融汇，又是贯通；既是拓展，又是补充。它们是屠岸"痴迷一生"的部分，也是整部书中最能体现主人公人生成就的部分。

二　心灵的剖析与人格的自我塑造

《生正逢时》虽为一部由他人参与整理的自述，但无论就内容还是叙述本身而言，都保留了屠岸一贯秉持的真善美风格：客观、公正、自省、说真话、温文尔雅……这些修饰的词语在很大程度上增加了"归纳的难度"，而笔者使用"心灵的剖析与人格的自我塑造"

这样的概括也只是期待最大限度地呈现《生正逢时》的面貌。

缺乏真实的"自传""自述""回忆录"显然是没有生命力的。但既然是自己讲自己，想要实现"真"就必须敢于面对自我，敢于解剖自己的灵魂直至揭开自己的隐私。屠岸在《生正逢时》中讲述自己与董申生女士的爱情是令人感动的：他诉说"我看到她独自在笑，觉得那笑像蒙娜丽莎一样，我一生都不会忘记"；"她的手泽，她的发香，永远刻在我的心里"，让人读来有无限遐想。他思考并做结论"为什么我今天仍有刻骨铭心的感觉呢，因为和申生的初恋让我第一次感觉到女性的美。外表与内心有时是分离的，有时是统一的，但在申生是统一的……她的形象在我心里永远不会消失。她的面容、身形一直伴随着我。她在我的记忆中永远是最美丽的"①。感性与理性并存，可以唤起青春的记忆。而他讲到妻子妙英初闻这段刻骨铭心的恋情后的不悦，妙英临终前希望"我"和申生结合以及申生的早逝又令人读来心生感慨。由此可见，真实的文字总是源于真诚的内心，真实的文字就其本身而言是纯洁的、一尘不染的，它能打动每一个读者并唤起共鸣，并不让人感到意外。

当然，最能深刻体现屠岸灵魂自我剖析的是他在特定年代的心路历程和对尘封往事的真实记录。像巴金在《随想录》中严格地解剖自己，屠岸从未回避、辩解自己的问题。对于著名戏剧家田汉，屠岸反复强调自己"做过错事""不能原谅自己"；"我负疚，无法补偿"②。对于诗人唐湜，屠岸也写到"觉得内疚"，"因为定他为极

---

① 屠岸口述；何启治、李晋西编撰《生正逢时：屠岸自述》，生活·读书·新知三联书店，2010，第55～57页。
② 屠岸口述；何启治、李晋西编撰《生正逢时：屠岸自述》，第339～340页。

右的那三篇文章，都是我发的"①。对于经历"荒唐岁月"的自己，他写到过想要自杀，"死亡对于我来说，是亲切的，甜蜜的"②。此外，屠岸在写"我的焦虑症及自我疗救的方法"时也颇为耐人寻味，他以入睡前吟诗进行自我疗救，可视为自我剖析时有趣味的"闪光点"。"对我有恩的人，我不会忘记，我有能力帮助别人的，我就帮。""一个人能被肯定和认识，也是一种幸福。"③ 类似这样严肃而真诚的叙述和贯注于字里行间的态度，在《生正逢时》中是随处可见的。结合这些有质地的文字，考察屠岸的人格，谦谦君子、儒雅等绝非溢美之词。如果说屠岸在学术会议上的发言、吟诵诗篇时的音色、字正腔圆体现了他的雅（在笔者与屠岸共同参与的多次会议上，他的发言、吟诵历来是颇受与会者欢迎的且受众者众）；如果说以《济慈诗选》为代表的翻译和洪子诚、刘登翰在《中国当代新诗史》（修订版）中的评价，即"屠岸是执著的'美'的不懈追求者；细心且有耐性地去发现事物中的美、圣洁、欢愉。直到晚年，屠岸的诗也仍保持着年轻的心态，一种不做作的诚挚的童年"④，证明并道出了屠岸对"美"与"真"的追求，那么，这些融合到一起见诸文字，则显现了屠岸人格中的"善"。正如屠岸自述最看不起忘恩负义的人，崇拜坚持真理牺牲个人利益甚至是牺牲生命的人，屠岸是棱角分明的。他为人低调，不争名利，但始终坚持自己内心的律令。《生正逢时》的编撰者之一李晋西在"后记（二）"《温暖之旅》中

---

① 屠岸口述；何启治、李晋西编撰《生正逢时：屠岸自述》，第 103 页。

② 屠岸口述；何启治、李晋西编撰《生正逢时：屠岸自述》，生活·读书·新知三联书店，2010，第 109 页。

③ 屠岸口述；何启治、李晋西编撰《生正逢时：屠岸自述》，第 340~341 页。

④ 洪子诚、刘登翰：《中国当代新诗史》（修订版），北京大学出版社，2005，第 148 页。

提到屠岸订正此书时坚持的原则，即"别人说自己好的话，不要出现在自己的书里"；"批评别人的话不要说得太重"，以及发出的感叹"这不是性格决定命运，是性格决定书！"① 恰恰可以作为屠岸人格自我塑造的一个绝佳注脚。

三　诗人自传的艺术性与文献价值

按照"现代传记学"理论，"回忆录"和"口述历史"可作为"亚自传"，从属于"自传"。"在亚自传中，口述历史算是新起的文类，同回忆录一样，其自传因素比正式自传为弱；但这是由两者不同的性质所造成的：回忆录是因为对作者生平没有完整和系统的叙述，而口述历史则是因为增加了新的因素——录音机的使用和采编者的出现。"② 《生正逢时》由屠岸口述，何启治、李晋西编撰，有些口述部分根据的是屠岸的日记和书信的内容。"在屠岸先生的口述、日记、书信、著作的基础上，我整理出一部分，交给何启治先生编辑后，再交屠岸先生订正，前后共三十多万字。受丛书篇幅所限，我曾跟屠岸先生商量删一些内容。但是，他要么说，那些都是有史料价值的，要么说，那些人比他更重要，如果因为篇幅太长，他选择删去谈自己的部分。我说过好几次同样的话：一本屠岸自述，不说二分之一，也有三分之一的篇幅'让'给了别人，他没有一次

---

① 李晋西：《温暖之旅》，载《生正逢时：屠岸自述》，生活·读书·新知三联书店，2010，第350页。
② 杨正润：《现代传记学》，南京大学出版社，2009，第432页。

松口。"① 通过编撰者之一李晋西的话，我们可以知道现在看到的《生正逢时》其实有选择地"漏掉"了许多内容。不过，即便如此，《生正逢时》仍由于其真实性、丰富性和文字优美而堪称一部优秀的现当代作家自传。首先，《生正逢时》以屠岸个人经历为经，以与人交往的经历为纬，通过个体的记忆和个人化的视角纵横交错地记录了 20 世纪的历史，由于他的经历、个人成就和与之交往过的田汉、葛一虹、唐湜、张光年、曹禺、夏衍、阳翰笙、严文井、聂绀弩、楼适夷、萧乾、绿原、牛汉、韦君宜、卞之琳、冯至、艾青、臧克家、邵燕祥、郑敏等，皆为 20 世纪中国文坛的大家名宿，因此，《生正逢时》具有很高的文献史料价值，对了解 20 世纪中国文学特别是新中国成立之后的文学、翻译以及历次文艺界运动有着重要的意义。何况，《生正逢时》根据当事人口述及其亲历的见闻编撰而成，且图文并茂、附有"年谱"，其真实性和可靠性远胜于他者所写的一般性传记和评传。其次，《生正逢时》出自一位诗人、翻译家、出版家之手，其文字除了具有准确度之外，还有较高的艺术性，而诗人严于律己、解剖自我的态度又提升了传记的艺术品位。阅读《生正逢时》，字里行间充满着从容、坦荡、积极、不怨天尤人的意绪，娓娓道来的诉说方式也使文字温暖亲切，带有浓郁的抒情性。屠岸曾说："我的精神寄托是诗歌。诗歌是我一生的追求，诗歌是我的希望。"② 在我看来，《生正逢时》完全可以定位为一部优秀的诗人自传，这是因为从叙述风格到艺术品位、从美感到质感，《生正逢

① 李晋西：《温暖之旅》，载《生正逢时：屠岸自述》，生活·读书·新知三联书店，2010，第 350 页。
② 屠岸口述；何启治、李晋西编撰《生正逢时：屠岸自述》，生活·读书·新知三联书店，2010，第 343 页。

时》都充满了诗情、诗性。

    总之,《生正逢时》是一部难得的文人自传,它的成功源于传主屠岸积极乐观的人生态度、坦荡的胸襟和深厚的文艺修养。阅读《生正逢时》,可以领略真实的、波澜壮阔的时代,可以体味一个百折不挠、真诚纯粹的文化人的人生经历,进而从中获得启迪和心灵的净化,而作品本身也成为研究屠岸和现当代文学的重要参考书。

    (发表于《传记文学》2018 年第 2 期,收入本书时有修改)

附录三 “郭沫若传”的现状考察

——兼谈多身份传主传记书写的进路

依据一生取得的成就、产生的影响这一一般立传标准，在 20 世纪中国史上，郭沫若无疑是后人作传的首选。郭沫若是中国新文学的奠基人之一，是鲁迅之后文艺界又一面重要的旗帜。他一生在诸多领域取得了突出的成就，堪称现代中国百科全书式的人物。郭沫若光辉而独特的一生，客观上决定他是一位多身份的传主，可以通过多个方面、多个角度进行传记书写。然而，就目前的情况来看，“郭沫若传”虽数量大、样式多，产生了一些优秀之作，但就具体表现维度来看，由于种种原因略显单一，存在很大的探索空间。因此，考察“郭沫若传”的写作现状，总结其得失，不仅对“郭沫若传”的书写与研究具有积极的意义，而且可以为传记研究提供有益的借鉴。

一 作为资源的“自传”

与同时期很多著名人士相比，郭沫若生前曾写有自传。“郭沫若自传”写于 1928 年，止于 1948 年末，具体包括 20 年间郭沫若发表的文章、出版的自传、回忆录以及回忆性文字、日记等多种。郭沫若在 50 年代末期将这些零散的作品汇编成 4 卷本的《沫若自传》。其中，第一卷《少年时代》内收《我的童年》《反正前后》《黑猫》《初出夔门》4 部作品，从作者家世、出生和童年写至去日本留学，起止时间为 1892～1913 年。第二卷《学生时代》收有《我的学生时代》《创造十年》《创造十年续篇》《今津纪游》《水平线下》等多部作品，主要写作者在日本留学特别是 1918 年之后从事文学活动以及创造社的活动，起止时间大致为 1914～1926 年。第三卷《革命春秋》包括《北伐途次》《请看今日之蒋介石》《脱离蒋介石之后》《海涛集》《归去来》5 部作品，主要写郭沫若 1926 年随革命军北伐以及次年南昌起义失败后逃亡日本的经历，他在日本的生活以及 1937 年全面抗日战争爆发后归国从事抗日救亡活动的经历，起止时间为 1926～1937 年。第四卷《洪波曲》收有《洪波曲》《芍药及其他》《苏联纪行》《南京印象》4 部作品，主要描写了郭沫若在抗战期间的活动、1945 年对苏联的访问以及回国后在南京的活动，起止时间为 1937～1946 年。《沫若自传》前后跨度达半个世纪、计有 110 万字，是我国有史以来最长的自传。《沫若自传》以追忆的形式写出郭沫若 50 余年的生命历程，展现了郭沫若的生活经历和思想变迁，实践并实现了郭沫若"依然一贯"的写作动机，即"通过自己看出一个时代"①。

很多研究者都高度评价《沫若自传》在中国现代传记文学发展史上乃至中国现代文学史上的重要地位，并将它与诗歌、历史剧以"三足鼎立"或"三座高峰"来比喻。鉴于《沫若自传》的艺术特

---

① 郭沫若：《〈沫若自传·少年时代〉序》，原文写于 1947 年 3 月 13 日。本文依据《郭沫若全集》（第 11 卷），人民文学出版社，1992，第 3 页。

色在以往研究中已得到较为全面的总结，并出现了专门论述的著作①，限于篇幅，不再一一赘述。本文集中于传记研究的视野，探讨《沫若自传》作为重要"资源"的意义、价值及一系列相关问题。

首先，《沫若自传》开拓了现代作家自传的新领域，生动地再现了时代、社会以及作家主体对于自传的呼求。胡适虽早在 1914 年 9 月 23 日留美期间的日记中提到"传记"②，并因为深感"中国最缺乏传记的文学"，所以到处劝自己的"老辈朋友写他们的自传。"③ 不过，他并未完成的自传《四十自述》最早连载于 1931 年的《新月》杂志，1933 年才由上海亚东图书馆出版。相比较而言，新文学第一个十年中除了 20 年代末郭沫若的《我的童年》《反正前后》《黑猫》和欧阳予倩的《自我演戏以来》之外，并未产生其他有规模的、具有典型意义的自传④。从这个意义上说，正是因为《沫若自传》的

---

① 这些论著可列举陈兰村、叶志良主编《20 世纪中国传记文学论》，天津人民出版社，1998；郭久麟著《中国二十世纪传记文学史》，山西人民出版社，2009；陈兰村主编《中国传记文学发展史》（修订本），语文出版社，2012 年第 2 版；以及张启莲著《郭沫若传记文学简论》，青海人民出版社，1999，等等。张启莲的《郭沫若传记文学简论》，是专门论述郭沫若传记的著作，"三足鼎立"或"三座高峰"的说法，就来自此书，见该书"引言"，第 4 页。

② 胡适：《传记文学》（1914 年 9 月 23 日日记），载曹伯言整理《胡适日记全编1》（1910—1914），安徽教育出版社，2001，第 491～493 页。

③ 胡适：《〈四十自述〉序》，原文写于 1933 年 6 月 27 日。本文依据欧阳哲生编《胡适文集》（第 1 卷），北京大学出版社，1998，第 27 页。

④ 《我的童年》，写于 1928 年，1929 年 4 月由上海光华书局初版，题为《我的幼年》；《反正前后》写于 1929 年，同年 8 月由上海现代书局初版；《黑猫》写于 1929 年，最初收入1930 年 9 月上海仙岛书店出版的《黑猫与塔》，人民文学出版社于 1992 年出版的《郭沫若全集》第 11 卷之"第十一卷说明"中曾详细介绍上述几种"自传"的出版情况。值得补充的是，由于本文强调的是"有规模的、具有典型意义的自传"，故郁达夫于 1927 年出版的日记体自传《日记九种》并不在此列。

"拓荒"，我们才可以确切得出"中国现代传记繁荣的最初表现是大量自传和回忆录的出现。五四新文化运动带来了知识分子个性的解放，写作接近西方传记体式的自传或回忆录成了作家们自我表现和自我张扬的一种最方便的形式"① 式的结论。在感应时代风潮之余，《沫若自传》的出现还与郭沫若受到西方现代自传资源特别是卢梭《忏悔录》的影响有关。② 郭沫若在汲取卢梭《忏悔录》自我暴露、自我剖析、真诚忏悔等经验资源的同时，还将自己浪漫的气质、张扬的个性、叛逆的精神、革命英雄的豪情以及闪现"泛神论"色彩的自我肯定融入其中，既塑造了独特而鲜明的自我形象，又展现了自己思想转变的轨迹。他将一首诗作为《我的童年》的"前言"，并写下"我的童年是封建社会向资本制度转换的时代""我写的只是这样的社会生出来这样的一个人，/或者也可以说有过这样的人生在这样的时代"③ 的诗行，正充分说明了这一点。

---

① 萧关鸿：《〈中国百年传记经典〉序》，载萧关鸿编《中国百年传记经典》（第 1 卷），东方出版中心，2002，第 5 页。

② 关于郭沫若受到卢梭的影响，直接的文字记录主要有《郭沫若致宗白华》（1920 年 2 月 16 日）中的"我常恨我莫有 Augustine，Rousseau，Tolstoi 的天才，我不能做出部赤裸裸的《忏悔录》来，以宣告于世。"后收于田汉、宗白华、郭沫若：《三叶集》，《郭沫若全集》（第 15 卷），人民文学出版社，1990，第 45 页。郭沫若还曾于 1920 年 2 月 25 日致田汉信中重复了上述言论，出处同上，第 66 页。此外，他在见《〈我的童年〉前言》中也曾有"我不是想学 Augustine 和 Rousseau 要表述甚么忏悔"的诗句，出处同本文下一个注释。

当然，如果历史地看，卢梭的《忏悔录》对中国现代自传的写作均产生过影响，这其中自然也包括郭沫若的《沫若自传》。在这方面，代表性的研究著作可参见梁庆标的《自我的现代觅求——卢梭〈忏悔录〉与中国现代自传（1919—1937）》，中国社会科学出版社，2014。

③ 郭沫若：《〈我的童年〉前言》，原文写于 1928 年 12 月 12 日。本文依据《郭沫若全集》第 11 卷，人民文学出版社，1992，第 7 页。

其次，《沫若自传》是一部重要的文献，对于人们了解、研究郭沫若以及相应的时代、社会具有重要的参考价值。《沫若自传》富有强烈的时代感，以自己的亲身经历展现中国近现代社会历史的风云变幻。郭沫若的经历从家乡开始，后到成都、上海、北京、广州、武汉、南京等中心城市，并有日本和苏联的国外见闻。郭沫若自少年时代就目睹四川保路运动和辛亥革命，后积极参加新文化运动、组建创造社，再后来就是参加北伐战争、南昌起义、抗日战争，他是半个多世纪中国一系列重大事件的参与者和见证人，一些著名人物，如周恩来、朱德、蒋介石、胡适、斯大林等，他都有过直接的接触乃至亲密的交往。对于这些重要事件和著名人物的直接描述，决定在一定程度上可以将《沫若自传》作为一部"自叙传"式的中国现代史来阅读，这无论对于郭沫若还是这一阶段的历史，都具有重要的研究价值。值得强调的是，除了重视《沫若自传》的文献价值，还可以从史料的角度看待《沫若自传》。按照《中国文学史料学》中的说法：

> 作家本人的著作，群体性文学活动的当事人或事件的目击者的撰述，成为第一层位的文学史料。
>
> 作家本人的著作，包括他的文集、日记、书信，或散见的文学作品、回忆录、自传等，是研究该作家的最有价值的基础资料。文学史家进行作家研究，总要力求将这些基础资料搜罗齐备，以提高研究工作的科学性、严谨性。①

---

① 潘树广、涂小马、黄镇伟主编《中国文学史料学》（上卷），华东师范大学出版社，2012，第130~131页。

《沫若自传》显然是"第一层位"的文学史料，高于"同时代的非当事人的记录"即"第二层位"的文学史料。①《沫若自传》相继被收入《沫若文集》与《郭沫若全集》之中，理所应当地成为研究郭沫若的重要著述就与此有关。

最后，《沫若自传》不仅真实地记录了时代、社会，还真实地袒露了作者本人的内心世界以及思想感情的变化，其高度的真实性、深沉的历史感和高超的文学艺术性，都决定其是一部优秀的自传作品和文学作品，对后来的自传写作具有示范意义。《沫若自传》以史家的笔法，充分融合了郭沫若文学家、诗人的气质和写作技法。它既真实记录了郭沫若少年叛逆、个性意识初步觉醒以及爱情经历等"个人隐私"，又毫无避讳地以《请看今日之蒋介石》等文，直抒胸臆，表达自己爱憎分明、依据是非曲直大胆言说的立场。在《沫若自传》中，郭沫若自是有所保留，也可以说他表现得并不彻底，但这些在任何一部自传中都不可避免地存在的现象并不影响《沫若自传》的成就。在一些国外研究者看来，郭沫若通过自传实践"不仅与西欧自传的两大类型划清了界限，而且不期而然地揭示了西欧罕见而中国独具的自传的鲜明特色……就是说，社会是个人的背景，个人存在于社会之中——这种紧密结合社会、时代来描述个人的方式，正是与缺乏自我省察精神互为表里的中国式自传的重要特征"②。凸显中国式自传的重要特征，是《沫若自传》在中国现代传记文学史上占有重要地位的历史前提。在后来的研究中，《沫若自传》被誉

---

① 潘树广、涂小马、黄镇伟主编《中国文学史料学》（上卷），华东师范大学出版社，2012，第131页。

② 〔日〕川合康三：《中国的自传文学》，蔡毅译，中央编译出版社，1999，第3页。

为中国现代自传中"自我张扬型"①的代表作，由他者所著的"郭沫若传"多从中获取资源皆与此密切相关。

二 "他传"的分期、分类

郭沫若在文学创作、文艺理论、翻译以及中国古代史、甲骨文研究等方面取得的成就，使其在 20 世纪 30 年代成为名家并被立传。鉴于当时作传的规模以及多为介绍性文字的写作风格，所以，于 30 年代出现的各式"郭沫若传"多篇幅不长，且夹于专题性著述之中。如《郭沫若略传》收入 1932 年上海乐华图书公司出版的、由乐华图书公司编的《当代小说读本》之中；1932 年上海光华书局出版的、由黄人影编的《创造社论》中收有的"创造社各作家略传"中的《郭沫若小传》；1933 年上海乐华图书公司出版的、由乐华编辑部编的《当代中国作家论》中收有《郭沫若评传》；1934 年上海书店出版的、由王森然所著的《近代二十家评传》中收有《郭沫若先生评传》；1935 年上海良友图书印刷公司出版的、由阿英编选的《中国新文学大系》之"史料·索引"卷中"作家小传"部分收有"郭沫若"条目；1936 年上海大光书局出版的、由黄人影编的《郭沫若论》中收有署名"凌梅"所写的《郭沫若小传》②，等等。上述形式直到 20 世纪 80 年代仍在部分"中国现代作家评传""中国现代作家

---

① 这种说法可参见郭久麟《中国二十世纪传记文学史》，山西人民出版社，2009，第54页；陈兰村主编《中国传记文学发展史》（修订本），语文出版社，2012年第2版，第441页。

② 由"凌梅"所写的《郭沫若小传》与黄人影编的《创造社论》中收有的"创造社各作家略传"中的《郭沫若小传》内容相同，后者虽未署著者，但显然是出自同一个人之手。

传略"中出现。① 需要指出的是，1932 年现代书局还出版过由李霖编的《郭沫若评传》一书。这是第一部以郭沫若为写作对象的传记，但就内容来看，该书主要是一部由评论文章构成的论文集，前有李霖所写的《郭沫若传》，中收有钱杏邨、闻一多、成仿吾、田汉等人所写各种评述文字 20 余篇，后收有郭沫若的"访谈""著译书目"等，体现了现代作家传记写作的早期特征，即融作家小传、评述文字、作家印象记及著述资料于一体。这种形式在 20 世纪 50 年代香港亚洲出版社出版的、由史剑著的《郭沫若批判》一书中得到了"留存"，由于其特殊性，本文将在以后的论述中予以分析。

如果说上述书写只能算作"郭沫若传"的雏形阶段，那么，20世纪 80 年代之后，"郭沫若传"则步入了一个新的历史阶段。这一阶段按照时间跨度可分为三个时期，按照形式可分三种主要形式，现分述如下。

20 世纪 80 年代是"郭沫若传"的起步期。出版于这一时期的"郭沫若传"计有十余部，具体包括卜庆华的《郭沫若评传》（湖南人民出版社，1980 年版），黄侯兴的《郭沫若的文学道路》（天津人

---

① 这种情况，限于篇幅仅列举一些著述如下：赵聪：《现代中国作家列传》，香港：中国笔会出版，1975，内有"郭沫若"部分。徐州师范学院《中国现代作家传略》编辑组：《中国现代作家传略》，1978，内部印行使用，共五辑，其"第一辑"收有夏春豪撰写的"郭沫若"部分。李立明：《现代中国作家评传》，香港：波文书局，1980，该书分上下两卷，上卷收有"郭沫若"部分。徐州师范学院《中国现代作家传略》编辑组：《中国现代作家传略》，四川人民出版社，1981，分上下两集，其上集收有"郭沫若"部分，具体包括郭沫若的"五十年简谱"和由郭庶英、郭平英所写的《郭沫若传略》两部分。王训昭等编《郭沫若研究资料》（上中下三册），中国社会科学出版社，1986，上册收有肖斌如、邵华写的《郭沫若传略》，该书后于知识产权出版社，2010 年再次出版。徐迺翔主编《中国现代作家评传》，山东教育出版社，1986，该书共四卷，其中第一卷收有鄂基瑞所写的"郭沫若"部分，等等。

民出版社，1981年版），曾健戎的《郭沫若在重庆》（青海人民出版社，1982年版），陈明华的《郭沫若》（黑龙江人民出版社，1982年版），雷风行的《郭沫若的少年时代》（北京出版社，1982年版），张毓茂、钟林斌的《文学巨星：郭沫若》（四川人民出版社，1984年版），李保均的《郭沫若青年时代评传》（重庆出版社，1984年版），陈永志的《郭沫若传略》（上海文艺出版社，1984年版），蔡宗隽的《郭沫若生平事略》（时代文艺出版社，1985年版），张明军的《少年郭沫若》（四川少年儿童出版社，1985年版），谭洛非主编、文天行等撰的《抗日战争时期的郭沫若》（四川社会科学院出版社，1985年版），黄侯兴的《郭沫若》（人民出版社，1986年版），孙党伯的《郭沫若评传》（人民文学出版社，1987年版），杨殿夫的《郭沫若前传》（重庆出版社，1987年版），龚济民、方仁念的《郭沫若传》（北京十月文艺出版社，1988年版），唐先圣的《郭沫若传——绝代风流》（北岳文艺出版社，1989年版）。其总体特点是对文坛巨匠郭沫若一生进行整体描述，带有较为显著的时代评价标准和缅怀色彩；多展现传主一生的成就，而很少触及其性格上的不足和个人生活。其缺点正如后来研究者指出的那样："这些传记里不乏郭沫若研究大家的倾心之作，但更多的是平庸化的人云亦云，很多的事例都来自郭沫若的四本自传，其中大量的细节被各书反复引用，雷同的评价与所谓的'见解'让人读后感觉似乎是同一本书读了数遍。"[①]

20世纪90年代是"郭沫若传"的发展期。出版于这一时期的

---

① 房福贤：《新时期中国现代文学家传记研究十六讲》，山东文艺出版社，2009，第42页。

"郭沫若传"计有三十余部①，具体包括梁满仓的《郭沫若》（新华出版社，1990 年版），朱文华的《鲁迅、胡适、郭沫若连环比较评传》（上海文艺出版社，1991 年版），王文英等的《郭沫若文学传论》（新疆人民出版社，1992 年版），秦川的《文化巨人郭沫若》（中国青年出版社，1992 年版），黄侯兴的《女神时期的郭沫若》（陕西人民出版社，1992 年版），桑逢康的《郭沫若与安娜的婚恋》（北岳文艺出版社，1992 年版），赖正和的《郭沫若的婚恋与交游》（成都出版社，1992 年版），魏奕雄的《郭沫若与夫人战友朋友》（西南交通大学出版社，1992 年版），叶桂生、谢保成的《郭沫若的史学生涯》（社会科学文献出版社，1992 年版），谷辅林、张启莲的《郭沫若与安娜》（黄河出版社，1993 年版），秦川的《郭沫若评传》（重庆出版社，1993 年版），张毓茂的《阳光地带的梦——郭沫若的性格与风格》（北京师范大学出版社，1993 年版），魏建的《郭沫若：一个复杂的存在》（南海出版公司，1993 年版），上海社会科学院、上海图书馆编的《郭沫若在上海》（上海社会科学院，1994 年版），郑舍农的《郭沫若　安娜》（中国青年出版社，1995 年版），黄子建的《郭沫若的青少年时代》（西南师范大学出版社，1995 年版），谢保成的《郭沫若评传》（百花洲文艺出版社，1995 年版），星村的《郭沫若的女性世界》（中国社会出版社，1996 年版），邗东的《郭沫若》（中国国际广播出版社，1996 年版），伏琥的《郭沫若》（中国和平出版社，1996 年版），刘屏的《狂飙少年：郭沫若》

---

① 在本文统计中，有些第 2 版或再版的情况，如唐先圣：《绝代风流——郭沫若传》，北岳文艺出版社，1994 年第 2 版；张明军：《少年郭沫若》，四川少年儿童出版社，1985，后在 1992 年、1996 年又分别于同一出版社出版等，不做重复统计，故按照不同标准统计，会有一定出入。

（安徽少年儿童出版社，1997 年版），黄侯兴的《郭沫若》（中国华侨出版社，1998 年版），季国平的《毛泽东与郭沫若》（北京出版社，1998 年版），冯亦同的《郭沫若》（江苏文艺出版社，1999 年版），谢保成的《郭沫若学术思想评传》（北京图书馆出版社，1999 年版），丛瑞华的《郭沫若的青少年时代》（山西人民出版社，1999 年版），王文英、刘轶的《郭沫若》（上海教育出版社，1999 年版），谷辅林、唐燕能的《郭沫若和他的日本妻子》（学林出版社，1999 年版），李继凯的《才子的书缘——郭沫若的读书生活》（中原农民出版社，1999 年版），以及由魏建、宿玲编的《郭沫若自传》（江苏文艺出版社，1996 年版）和宋彬玉、张傲卉等著的《创造社 16 家评传》（重庆出版社，1998 年版），等等。这一时期的"郭沫若传"主要特点是内容上更为全面、深入，表现形式更加多样、多为"丛书"之一，且出现了"断代式""阶段式"的传记和"关系式""交往式"的版本。

21 世纪以来至今是"郭沫若传"的深化期。出版于这一时期的"郭沫若传"计有四十余部①。具体包括周靖波的《郭沫若》（人民美术出版社，2000 年版），乐思蜀的《郭沫若的女性情感世界》（中国致公出版社，2001 年版），武继平的《郭沫若留日十年：1914—1924》（重庆出版社，2001 年版），黄侯兴的《浪漫诗人的情爱写

---

① 在本文统计中，刘屏的《狂飙少年：郭沫若》，后曾于 2002 年在华艺出版社作为"大师青春剪影"系列之一再次出版、于 2012 年作为"现代作家青春剪影丛书"之一在安徽教育出版社再次出版；冯亦同的《郭沫若》，也于中国青年出版社 2012 年再次出版；谢保成的《郭沫若评传》，于 2010 年百花洲文艺出版社再次出版；季国平的《毛泽东与郭沫若》，后于 2008 年在中国青年出版社出版；黄曼君、王泽龙、李郭倩的《郭沫若传》，后于 2013 年作为"人民·联盟文库"之一在人民出版社再版，等等。这些再版因时间、出版社不同等均印成"第 1 版"，此处不重复统计，仅列于此。

真——郭沫若的女性世界》（河南人民出版社，2003 年版），魏红珊的《郭沫若》（四川人民出版社，2003 年版），景戎华编著的《郭沫若》（蓝天出版社，2004 年版），冯锡刚的《郭沫若的晚年岁月》（中央文献出版社，2004 年版），邢小群的《重说文坛三剑客：才子郭沫若》（同心出版社，2005 年版），桑逢康的《郭沫若人格》（河南人民出版社，2005 年版），贾振勇的《郭沫若的最后二十九年》（中国文史出版社，2005 年版），冯锡刚的《"文革"前的郭沫若：1949—1965》（重庆大学出版社，2005 年版），邹廷清的《郭沫若》（中国文史出版社，2005 年版），蔡震的《文化越境的行旅：郭沫若在日本二十年》（文化艺术出版社，2005 年版），刘志远的《雾都银杏：郭沫若在重庆》（重庆大学出版社，2005 年版），鲁雄飞的《郭沫若的异国婚姻始末》（台海出版社，2006 年版），桑逢康的《郭沫若评传》（中国社会出版社，2008 年版），苗延波的《郭沫若的学术人生》（九州出版社，2009 年版），桑逢康的《郭沫若与他的三位夫人》（湖北人民出版社，2009 年版），黄侯兴的《郭沫若正传》（江苏文艺出版社，2010 年版），蔡震的《郭沫若的青少年时代》（河北人民出版社，2010 年版），黄曼君、王泽龙、李郭倩的《图本郭沫若传》（长春出版社，2011 年版），蔡震、钟作英的《郭沫若画传》（江西人民出版社，2011 年版），郭庶英的《我的父亲郭沫若》（辽宁人民出版社，2011 年版），邢小群的《郭沫若的 30 个细节》（陕西人民出版社，2013 年版），张洁宇的《毛泽东与郭沫若》（湖北人民出版社，2013 年版），以及由乐山市地方志办公室等编的《走近郭沫若》（巴蜀书社，2004 年版），廖久明主编的《郭沫若家世》（复旦大学出版社，2010 年版），等等。其特点是扩展了"郭沫若传"的写作视野，出现了"图本""画传"等新形式，许多传记为多年后的再版，表明"郭沫若传"已进入"重写"状态，已经相对"成熟"。

与"郭沫若传"三个写作时期相一致的，上述提及的"郭沫若传"可分为三种主要形式，即叙说传主一生的"通史类"；选择传主特定生活阶段的"断代式""阶段式"传记；选择传主生平交往和情感纠葛的"关系式""交往式"传记。这种主要方式还可以按照某些标准进一步细分：如"通史类"可进一步划分为"传""评传""正传""连环评传"等，这些形式近年来受到读图时代的影响，又常常和"图本""画传"等结合起来。这些形式常常在实际出版过程中有效地整合在一起，并与郭沫若研究及其材料的发掘、整理紧密相连，形成研究者不断借鉴、读者常常阅读但在具体研究中往往为人所忽视的领域。

三 成就、趋势与问题

从"他传"的分期与分类，我们大致可以看到：从20世纪80年代至今，30多年时间里已出版的各种"郭沫若传"如果结合版次等宽泛标准统计会达百部之多。"郭沫若传"书写时间跨度长、数量多，客观上决定其已在许多方面取得突出的成就。首先，就表现传主、展现人生即传记内容的角度来说，现有的"郭沫若"已完整地再现了郭沫若的一生，揭示其一生的功绩特别是在文学艺术上的成就。郭沫若的文学道路、成长过程，受中西方文化的影响及其文学史地位已被反复书写、得到广泛的认可。其次，郭沫若的性格、气质、人格及其在特定历史时期的选择、功过得失也被完整再现，获得了较为准确的评价。郭沫若一生几个复杂难解的问题或曰"历史悬案"，如早年和鲁迅论战及其笔名问题、晚年的"兰亭论辩"之笔墨官司等，都得出了较为一致的结论。郭沫若复杂的情感历程也得到全面的描写，郭沫若的人格形象也由此得以立体、丰富地再现。最后，诞生了一批优秀的"郭沫若传"文本；"郭沫若传"的书写角度与表现形式日趋多样。"郭沫若传"与郭沫若研究及史料发掘互动、不断深入，在传记书写方面积累丰富经验的同时使其在郭沫若研究中占有重要的地位。

值得指出的是，"郭沫若传"的成就一直与其不断历史化甚至是"经典化"（这是一个形象的说法）的过程有关，且与各种版本的相互比较有关。从 30 年代的《郭沫若评传》反映现代作家传记早期状态，到 80 年代"郭沫若传"多以《沫若自传》为"底本"，很少能跳出此前业已形成的历史框架、文学史定评；再到 90 年代随着材料的不断发掘、整理以及研究的拓展，出现较为全面、完整、成规模的"郭沫若传"，"郭沫若传"由单一的"通史"纵向模式，向"关系式"的横向模式发展；直至 21 世纪以来多元发展，不断涌现"图本""画传"等新的形式，"郭沫若传"在自身历史化的过程中呈现新质。"郭沫若传"的历史化一方面包括传记写作与郭沫若材料的不断发掘、整理，汲取郭沫若研究的最新成果，另一方面包括郭沫若评价的时代性及其相应的美学标准和艺术标准。"郭沫若传"历史化的结果不仅使其自身成为郭沫若研究的一个重要组成部分、一个独立的研究对象，而且，还使"郭沫若传"进入了一个带有经典化意味或曰趋势的过程：秦川的《文化巨人郭沫若》和《郭沫若评传》、蔡震的《文化越境的行旅：郭沫若在日本二十年》、桑逢康的《郭沫若人格》、贾振勇的《郭沫若的最后 29 年》等，都堪称"郭沫若传"中的优秀之作。上述著作在写作过程中积累的经验有很多，举例如下：

> 为了要做到事有征信，就需要认真选择和鉴别材料。我在写作中，凡所选材料，尽可能以第一手的资料为依据。这就是说，主要是以郭沫若本人的东西为依据，如他的传记，著述，作品，日记，书信等。或以当事人的记述、回忆，及其家属、子女或亲友的记述、回忆，作为依据……
>
> 郭沫若首先是一个诗人，而且是本世纪中国最伟大的革命浪漫主义诗人。因此，写他的传，不仅要有史，而且要有诗。作者既要有史笔，又要兼有诗才，如此方可写出诗史结合的堪称佳构的优秀传记。[①]

> 既然为传主写评传，一般说对传主的个人品德、事业成就、睿智思想，都不同程度地有所钦仰，充满着敬爱的感情。尤其为郭沫若这样伟大的无产阶级革命作家立传，完全不带感情色彩是不可能的。但科学的评价历史人物，又要求我们要冷静、客观，而不能太凭感情了。这是一个矛盾，但必须克服它。换句话说，就是要进得去，又要出得来。既以全身心的热烈感情去拥抱传主的生活，又要跳得出个人感情好恶的圈子，冷静、客观地对传主的一生作科学的分析和评价，而不被自己的感情所左右……
>
> 虽然，作家评传的任务主要在评述作家作品，但我认为也要顾及作家一生的经历，兼及作家传的内容。这就是说要以评

---

① 秦川：《〈文化巨人郭沫若〉后记》，中国青年出版社，1992，第484、486页。

　　为主，传评适当结合。我的做法是把传主的一生经历划分为若
　　干阶段，并相应地列出章节的办法，突出传评结合、以评为主
　　的特色……①

同时，这些传记在具体写作方式、表现形式方面进行的卓有实效的
探索，也为"郭沫若传"未来的写作奠定了坚实而广阔的基础。不
仅如此，如果从创作主体的角度加以考虑，"郭沫若传"的"经典
化"还包括秦川、蔡震、桑逢康等一批长期从事"郭沫若传"创作
实践的传记家的出现，正是由于他们的努力，"郭沫若传"才会一方
面成为郭沫若研究重要参考文献与一般性读物，另一方面成为现代
作家传记及现代传记写作和研究中一道重要的风景，拥有艺术的品
格和相应的结构体系。

　　在肯定"郭沫若传"取得的成就的同时，也应当看到其存在的
问题。正如前文提到的，不同时期的"郭沫若传"存在前后质量不
均衡、价值缺失的现象。造成这一现象的原因是多方面的，而其中
又以材料掌握不够、碍于传主的身份这两大方面原因为最。以"郭
沫若传"与郭沫若研究经常使用的《郭沫若全集》为例，《郭沫若
全集》目前有人民文学出版社出版的"文学编"20卷，人民出版社
出版的"历史编"8卷，科学出版社出版的"考古编"10卷，其
中，"文学编"20卷历来是"郭沫若传"写作必备的参考资料。不
过，正如许多研究者都知道的，《郭沫若全集》"文学编"20卷既未
全部收录郭沫若的文学作品，也未充分反映郭沫若创作的原始面貌。
由于郭沫若曾多次出版其文学作品，所以，诸如《女神》《沫若自

---

　　① 秦川:《〈郭沫若评传〉后记》，重庆出版社，1993，第414、416页。

传》以及新中国成立前的一些文论,便存有版次问题;而在没有明确、考证"文学编"中收录作品是否为原始版本的前提下,"郭沫若传"与郭沫若研究很容易出现援引不当、与郭沫若最初写作的意图并不相符的现象。为此,充分掌握郭沫若著述的第一手资料以及之后的再版资料、进行文献史料的考辨,便成为"郭沫若传"写作的重要前提之一。除此之外,郭沫若还是新文学的重要旗手、新诗奠基人之一,新中国成立后曾长期担任文艺界领导人,又在政界兼有要职,这些客观存在的事实决定了"郭沫若传"书写的"限度":80年代出版的许多"郭沫若传"无法突破《沫若自传》在很大程度上与此有关系。然而,作为一个浪漫派诗人、文坛与政界的风云人物,郭沫若的感情生活是丰富的,其人生道路及选择多有历史因素参与其中,"郭沫若传"多年的写作经验告诉我们:唯有突破这一限度,"郭沫若传"才会取得突破性的进展。是以,在"郭沫若传"写作过程中,如何突破材料关和不为尊者讳、还原郭沫若的真实人生就成为值得关注的课题。近年来,随着郭沫若研究的深入和文学史观念的不断更新,"郭沫若传"在上述方面已取得了长足的进步。比如:在很多传记中,著者已开始谈及郭沫若性格上的"易变"和晚年的生活,以及郭沫若的私生活和他与安娜、于立忱之间的情感纠葛。再比如:《〈女神〉及佚诗》(2008)的出版以及蔡震的《郭沫若生平文献史料考辨》(2014)、丁茂远的《〈郭沫若全集〉集外散佚诗词考释》(2014)的出版,也为郭沫若创作和生平文献提供了许多新的资料,充分利用这些新成果,"郭沫若传"必将会有新的进展乃至写作上的突破。

与上述问题同时存在的,还有近年来"郭沫若传"的出版由于受制于市场和消费因素,很多版本在多年后重出时并未标出"第二版"或"修订版"等。"郭沫若传"版本本身的不清晰，常常处于模糊状态①，一方面不利于读者的阅读，另一方面则反映了个别著者存在不认真、急功近利的态度等问题。最后，结合现有"郭沫若传"的实际，我们还会看到：传记叙述维度单一，多从文学创作角度切入，并未完全呈现郭沫若百科全书式人物的一生，也是"郭沫若传"实际存在的问题。

四　进路与延伸

"郭沫若传"现实存在的问题客观上决定其写作的进路。事实上，一些写作者已经注意到"郭沫若传"在具体写作过程中遇到的实际问题。正如秦川结合自己的写作指出的：

　　郭沫若一生多姿多彩，不仅是一个文学家。他的文学活动同他的革命生涯和卓越的学术研究活动，很少是孤立地进行的，一个时期虽有一个时期的不同重点，但总体上是结合的，不能截然地分开。因此单纯的文学评传，是难以写出完整的郭沫若形象的。假使定要孤立地去写，也难于把文学评传写好。如何把文学家的郭沫若，同革命家和学者的郭沫若结合起来，写一部较完整、科学的作家评传，是本书努力追求的目标之一。因

---

① 这种情况除了包括多不注明"再版""修订版"，给人以"初版本"的印象之外，还有一个现象值得指出：星村所著的《郭沫若的女性世界》（中国社会出版社，1996）与黄侯兴的《浪漫诗人的情爱写真——郭沫若的女性世界》（河南人民出版社，2003）内容完全一致。黄侯兴在《浪漫诗人的情爱写真——郭沫若的女性世界》"修订本绪言"中提到"这本书（原书名《郭沫若的女性世界》）自1996年问世以来……"因此可证明两位著者为同一个人，但由于黄侯兴未直接指出他即为"星村"本人，故此注明。

为是作家评传,其它方面虽很重要也不可能都放开去写,而只能在总体布局下给出一定的篇幅,使用适当的笔墨,恰如其分地给予表现。[1]

郭沫若是一位在很多方面取得突出成就的文化巨人、是一位拥有多重文化身份的传主:他很早就对"球形的发展"[2] 的人生的渴慕,决定了他不可能也不甘心仅在一个领域有所建树。郭沫若集文学家、诗人、剧作家、历史学家、金石学家、考古学家、书法家、政治家于一身,在文学界、史学界、书法艺术以及政治领域都取得了突出成就,堪称现代中国百科全书式的人物,正是其追求"球形的发展"并实现这一理想的结果。因此,作传者可以从多方面书写其光辉、灿烂的一生。然而,这种"多身份"却很难在一部传记中完整地表现出来。就目前的情况看来,"郭沫若传"多从文学角度、作为现代作家传记之一种的写作实际也决定了其偏重于一翼的总体特点。尽管,部分学者如谢保成、苗延波等已从学术研究的角度,先后写有《郭沫若的史学生涯》、《郭沫若评传》、《郭沫若学术思想评传》以及《郭沫若的学术人生》等传记,但无论是相对于郭沫若的一生还是现有的"郭沫若传"来看,这些创作都是远远不够的。显然,历史、书法、金石等方面的"郭沫若传"需要由相关的专业人士完成。

---

[1] 秦川:《〈郭沫若评传〉后记》,重庆出版社,1993,第417页。
[2] 《郭沫若致宗白华》(1920年1月18日),田汉、宗白华、郭沫若:《三叶集》,《郭沫若全集》第15卷,人民文学出版社,1990,第19页。原文为:"我常想天才底发展有两种Typus:一种是直线形的发展,一种是球形的发展。直线形的发展是以他一种特殊的天才为原点,深益求深,精益求精,向着一个方向渐渐展延,展到他可以展及的地方为止:如象纯粹的哲学家,纯粹的科学家,纯粹的教育家,艺术家,文学家……都归此类。球形的发展是将他所具有的一切的天才,同时向四方八面,立体地发展了去。"

而一旦以此作为书写学术方面的"郭沫若传"之前提依据，那么，历史、书法、金石等方面的专业人士是否愿意作为传记家书写传记也成为一个问题。像谢保成、苗延波分别从历史专业和法学专业介入"郭沫若传"的写作本就少见，何况如果只是孤立地强调郭沫若某一方面的成就，也难免会在顾此失彼的同时简化传主立体、丰富的一生。是以，实现完整、全面意义上的"郭沫若传"的书写，仍是一个需要不断深入的课题。

与上述从多传主身份角度进行传记书写的进路相比，从某一阶段或曰一个特定的横截面进行郭沫若传记书写也是有效的进路之一。从某一阶段或曰一个特定的横截面进行传记书写得到的文本可称为"断代书写"，它虽无法全面描述传主的一生，却可以在这一时段详细而深入地呈现传主的生活史，具体、集中地描述传主的成就，进而以微观、掘进的方式，以小见大的串联起传主的一生。它是长期关注传主、总结以往相关传记写作经验的结果，也是多方占有资料、与研究互动，发现新角度的结果，其价值较高并能够对以往的传记写作和研究形成超越与挑战。以蔡震的《文化越境的行旅：郭沫若在日本二十年》为例，该书出版于2005年，集生平事迹和考证于一体，正如著者在"后记"中写到的：

> 郭沫若与日本或日本文化这一命题最初在我的脑海里出现，是基于这样的认识：郭沫若在日本生活了长达二十年时间，他创作出《女神》，成为五四新诗第一人，他翻译河上肇的著作并宣称自己成为马克思主义的信徒，他从事中国古代社会和古文字研究，开中国马克思主义史学派之先河等等人生的辉煌，都是在这期间发生的。然而，那个与此相关的他置身于其间的日

本社会和日本文化，几乎从未被人们刻意关注。日本在郭沫若的创作生涯、学术生涯、人生经历中被提及，大多也只是表明，在这样一个地方发生过这样的事情。这两者之间真的没有什么精神联系，乃至毫不相干吗？……

我在这里所做的研究和思考只能说是初步的，我希望借此引起从事郭沫若研究的学界同仁关注探讨这一问题，更希望借此能引起对于郭沫若在日本期间的史料的发掘、收集、整理工作的关注与重视。事实上，许多相关的史料是散落在方方面面的文字资料之中的，需要去发现。而另一方面，在多年来已经为学界做不疑之用的史料中却存在有不少疏误，这也需要去做梳理正误的工作。

郭沫若与日本的命题涉及的不仅仅是这一命题本身，它应该能为郭沫若研究的许多问题拓宽视野。譬如至今仍然话题不断的《女神》的创作，对于郭沫若以及创造社文学倾向的描述，郭沫若与创造社骤然之间戏剧性的"方向转换"等等问题，如果置放于郭沫若与日本近代文学思潮流变的关系背景之上，应该可以获得更确切的解读。从更广泛的意义上说，郭沫若与日本，实际上是关于中日近现代文学以及思想文化交流的一个个案分析，郭沫若是这一历史关系中最具代表性的人物，他为我们提供了一个很好的观察、思考的切入点。①

《文化越境的行旅：郭沫若在日本二十年》虽按照"生平事迹"的类别出版，但实为郭沫若特定生活阶段的"评传"。它选择了郭沫若

---

① 蔡震：《〈文化越境的行旅：郭沫若在日本二十年〉后记》，文化艺术出版社，2005，第375~376页。

留学日本和流亡日本两个重要阶段，详细论述了郭沫若在日本前后近 20 年的行旅，具体包括他留学日本、弃医从文、情感经历、文学起步、思想转变、文人交往和投身历史与考古等几个重要方面，填补了以往谈及郭沫若与日本关系只有结论、缺乏实证的"空白"，又展现了郭沫若这位多传主身份之"百科全书式人物"成长的发轫阶段，对郭沫若研究和传记书写具有重要的意义和价值。

在对"郭沫若传"进行考察的过程中，还有一个现象需要提及，此即为港台地区"郭沫若传"的版本问题。结合史剑的《郭沫若批判》，我们可以看到港台的郭沫若传书写由于评判尺度等原因，往往与大陆有很大差异。再者就是于大陆和港台出版的同一本"郭沫若传"，由于种种原因也有一定程度上的不同。关注这些传记、进行版本比较，必将为"郭沫若传"的书写积累丰富的经验，产生积极的意义。① 总之，通过对"郭沫若传"的现状考察，我们可以看到"郭沫若传"写作的实际情况、成就及问题。郭沫若的"多传主"身份与其传记书写内容的相对单一、有待整合，决定"郭沫若传"还有很大的发展空间，而对此，我们应当有所期待！

（发表于《辽宁大学学报》2020 年第 1 期，收入本书时有修改）

---

① 港台出版的"郭沫若传"除史剑的《郭沫若批判》之外，还可列举贾振勇的《郭沫若：士与仕的长长背影》，秀威资讯科技股份有限公司，2013；周靖波的《郭沫若评传》，秀威资讯科技股份有限公司，2015，这些传记有的在大陆出版过，但书名并不完全一样，值得关注。

主要参考文献

（一）国外传记理论研究类

〔美〕勃尔曼：《传记》，石华父译，晨光出版公司发行，1949。

〔法〕菲力浦·勒热纳：《自传契约》，杨国政译，生活·读书·新知出版社，2001。

〔法〕菲力浦·勒热纳：《自传契约》，杨国政译，北京大学出版社，2013。

〔日〕川合康三：《中国的自传文学》，蔡毅译，中央编译出版社，1999。

艾伦·谢尔斯顿：《传记》，李文辉、尚伟译，昆仑出版社，1993。

杨国政、赵白生主编《欧美文学论丛（四）：传记文学研究》，人民文学出版社，2005。

梁庆标选编《传记家的报复：新近西方传记研究译文集》，广西师范大学出版社，2015。

（二）国内传记理论研究类

孙毓棠编著《传记与文学》，正中书局，1943。

朱文华：《传记通论》，复旦大学出版社，1993。

李祥年：《传记文学概论》，安徽文艺出版社，1993。

郭久麟：《传记文学写作与鉴赏》，中国三峡出版社，2003。

赵白生：《传记文学理论》，北京大学出版社，2003。

全展：《传记文学：阐释与批评》，湖北人民出版社，2007。

杨正润：《现代传记学》，南京大学出版社，2009。

王成军：《中西传记诗学研究》，北京出版社，2011。

田英华：《语言学视角下的传记体研究》，东方出版中心，2012。

赵山奎：《传记视野与文学解读》，北京大学出版社，2012。

全展：《传记文学：观察与思考》，西南师范大学出版社，2016。

王成军：《传记诗学》，新华出版社，2017。

（三）传记文学史与专题研究类

韩兆琦主编《中国传记文学史》，河北教育出版社，1992。

杨正润：《传记文学史纲》，江苏教育出版社，1994。

陈兰村、叶志良主编《20世纪中国传记文学论》，天津人民出版社，1998。

陈兰村主编《中国传记文学发展史》，语文出版社，1999。

俞樟华：《中国传记文学理论研究》，湖南文艺出版社，2000。

郑尊仁：《台湾当代传记文学研究》，台湾：秀威资讯科技股份有限公司，2003。

寒山碧：《香港传记文学发展史》，香港：东西文化事业公司，2003。

何元智、朱兴榜：《中西传记文学研究》，中国文学出版社，2003。

全展：《中国当代传记文学概观》，黑龙江人民出版社，2004。

郑笑平：《春华秋实果满园——新时期传记文学散论》，海燕出版社，2004。

朱旭晨：《秋水斜阳芳菲度——中国现代女作家传记研究》，人民日报出版社，2006。

李健：《中国新时期传记文学研究》，新华出版社，2008。

杨正润主编《众生自画像——中国现代自传与国民性研究（1840—2000）》，上海人民出版社，2009。

房福贤：《新时期中国现代文学家传记研究十六讲》，山东文艺出版社，2009。

郭久麟：《中国二十世纪传记文学史》，山西人民出版社，2009。

李健：《中国现代传记文学研究》，新华出版社，2010。

叶志良：《现代中国传记写作的历史与叙事》，清华大学出版社，2012。

陈兰村主编《中国传记文学发展史（修订版）》，语文出版社，2012。

张高杰：《中国现代作家日记研究——以鲁迅、胡适、吴宓、郁达夫为中心》，中国社会科学出版社，2014。

梁庆标：《自我的现代觅求——卢梭〈忏悔录〉与中国现代自传（1919—1937）》，中国社会科学出版社，2014。

韩彬：《现代中国作家自传研究》，中国社会科学出版社，2015。

刘海霞：《前期创造社同人自传文本研究——以郭沫若、郁达夫、张资平为中心》，复旦大学出版社，2016。

房福贤、房默、许真：《老树新枝——近三十年来现代中国作家传记研究》，百花文艺出版社，2016。

赵焕亭：《中国现代作家传记研究》，中国社会科学出版社，2016。

谢子元：《中国现代作家自传研究》，线装书局，2017。

王宏波：《传记出版与社会变迁——我国1949年以来传记出版研究》，南京大学出版社，2018。

孟晖：《"传记式批评"研究——以中国近现代作家传记文本为主要考察对象》，上海社会科学院出版社，2019。

俞樟华等编撰《中国现代传记文学编年史》（上下），浙江大学出版社，2019。

（四）与传记研究相关的文集与论文集

梁启超：《饮冰室合集》，中华书局，1989。

中国中外传记文学研究会编《传记文艺研究》，湖南文艺出版社，1997。

耿云志、李国彤编《胡适传记作品全编》（四卷），东方出版中心，2002。

中国传记学会编《传记文学新近学术文论选》，中国青年出版社，2011。

中国传记学会编《传记传统与传记现代化》，中国青年出版社，2012。

朱东润：《朱东润文存（上下）》，上海古籍出版社，2014。

袁祺编《岩石与彩虹：杨正润传记论文选》，广西师范大学出版社，2016。

（五）史料研究类著述

朱金顺：《新文学资料引论》，北京语言学院出版社，1986。

朱金顺：《新文学考据举隅》，中国文史出版社，1990。

傅斯年：《史料论略及其他》，辽宁教育出版社，1997。

樊骏：《中国现代文学论集》，人民文学出版社，2006。

金宏宇：《新文学的版本批评》，武汉大学出版社，2007。

谢泳：《中国现代文学史研究法》，广西师范大学出版社，2010。

廖久明：《中国现代文学史料研究举隅》，台湾：新锐文创，2012。

刘增杰：《中国现代文学史料学》，中西书局，2012。

潘树广、涂小马、黄镇伟主编《中国文学史料学》（上下），华东师范大学出版社，2012。

徐鹏绪等：《中国现代文学文献学研究》，中国社会科学出版社，2014。

刘增杰：《发现与阐释：现代文学史料知见录》，中国社会科学出版社，2015。

吴秀明：《中国当代文学史料问题研究》，中国社会科学出版社，2016。

刘进才：《文本·史料·方法——中国现代文学研究片论》，中国社会科学出版社，2017。

付祥喜：《问题与方法——中国现代文学史料研究论稿》，中国社会科学出版社，2017。

后　记

　　《现当代诗人传记史料问题研究》是我于 2016 年 6 月申请到的教育部规划基金项目（16YJA751032）的结项成果。按照最初的预想，本应当于 2018 年夏季结项，但并未按期完成。究其原因，一是经验少，不熟悉中期检查就意味着要计划相应的时间，二是近两年来工作调动频繁，两者叠加使这项工作拖延至今，在此先做一个简单的说明。

　　"现当代诗人传记的史料问题研究"课题的立项，就个人来说，可视为一次研究方向的"微调"：当在阅读多部现当代诗人传记之后，忽然发现其本身就是一个问题时，我确实有"柳暗花明"之感。多年来从事现当代诗歌研究，论文虽然发表不少，但似乎一直没有找到一个适合自己同时又属于自己的领域；而需要更多才气和体力的诗歌批评也让年龄越来越大的我感到有些力不从心。为此，我应当感谢传记研究，对于很多现当代文学研究者来说，这显然是一个新课题，同时，其可以将文学和历史融合在一起的特点，也符合我的兴趣和爱好。而在找到一个适合自己方向的同时又能完成现有考评体制的要求，也应当感到满意和知足。

　　如果追本溯源，"现当代诗人传记的史料问题研究"可以顺利立项，自是包括很多"细节"。除了要感谢同门师弟、天津社会科学院文学研究所王士强研究员给予的学术支持外，同在天津社会科学院文学研究所工作的同门师兄张大为研究员，和当时在辽宁大学工作的同事、现就职长春师范学院文学院的汪银峰教授，都为本课题的题目设计及具体论证出谋划策，正是他们的帮助，让我收获了至今为止最为满意的一个研究题目，为此，理当在"竣工"时表达诚挚的谢意和敬意。

本书部分章节内容和相关内容曾在标注项目编号的前提下在《文学评论》《民族文学研究》《南方文坛》《南开诗学》《传记文学》《辽宁大学学报》等刊物上发表过，在成书过程中，我选择了《文学评论》《传记文学》《辽宁大学学报》上的三篇论文作为"附录"，它们既是本课题阶段成果的展示——其中有的文章曾作为中期检查阶段成果上传课题审核系统，同时又可以以具体的个案研究呼应正文。当然，由于时间仓促，论文发表时涉及的传记版本在文献资料积累上有很多不足，因此，所谓发表就难免有过早"定型"，存在史料搜集不足、整理欠缺等问题，这一点是应当检讨并澄清的。只不过，考虑到论文发表、变成铅字，也自有其合理之处并获得了相应的权利，故此，还是在适度修改的前提下将其收录于此，其体例也与全书保持一致。

谈及文献资料的不足，还有一个方面需要补充：因为在写作本书同时，我还编著出版了一本《中国现当代诗人传记版本辑录》。为了不过多重复，在本书的主要参考文献中，我没有列举相关现当代诗人传记。如果想查阅成书意义上的现当代诗人传记的相关文献，可参考此书——它的初稿已经交付，为了能够和本书对照，我将其和本书放在同一家出版社并计划同时出版，这一计划的实施和效果当然取决于最终的结果，但想将课业尽量做得完整的努力是需要交代的。

"后记"的撰写，意味着一本书的结束、一项工作的完成，但作为作者，我深知其中有很多不足，因为水平有限，很多问题也没有想清，说得也不够透彻，在此一并致歉！

最后，感谢阅读本书的每一位读者！

张立群

2020 年 2 月 9 日于沈阳家中

图书在版编目（CIP）数据

中国现当代诗人传记史料问题研究 / 张立群著. --
北京：社会科学文献出版社，2020.8
　ISBN 978 - 7 - 5201 - 7300 - 1

　Ⅰ.①中…　Ⅱ.①张…　Ⅲ.①诗人 - 传记 - 史料 - 研
究 - 中国 - 现代②诗人 - 传记 - 史料 - 研究 - 中国 - 当代
Ⅳ.①K825.6

　中国版本图书馆 CIP 数据核字（2020）第 174458 号

中国现当代诗人传记史料问题研究

著　　者 / 张立群

出 版 人 / 谢寿光
责任编辑 / 高　雁

出　　版 / 社会科学文献出版社 （010）59367226
　　　　　　地址：北京市北三环中路甲 29 号院华龙大厦　邮编：100029
　　　　　　网址：www. ssap. com. cn
发　　行 / 市场营销中心 （010）59367081　59367083
印　　装 / 三河市尚艺印装有限公司

规　　格 / 开本：787mm × 1092mm　1/16
　　　　　　印　张：12.75　字　数：153 千字
版　　次 / 2020 年 8 月第 1 版　2020 年 8 月第 1 次印刷
书　　号 / ISBN 978 - 7 - 5201 - 7300 - 1
定　　价 / 138.00 元